9 789198 681062

# هَامْلِت

Hamlet

# وليام شكسبير
William Shakespeare

# هَامْلِت
Hamlet

**ترجمة: خليل مطران**

رواية تمثيلية

**SAMEH** Publishing
دار سامح للنشر

# المحتويات

# عبقرية شكسبير

شكسبير- ولا أتوخى وصف مقدرته الفنية التي لم يجاره فيها أحد- كان أصدق الناس خبرة بقلوب الناس. انقسموا في ذهنه إلى سلاسل، كل سلسة تتشاكل من ناحية المزاج الجسدي والتكوين العقلي، والأثر الوراثي، والاندفاع بعوامل الزمان والمكان، ولها مثلها الأعلى.

وجَّه مصباحُ فكره النُّقادَ إلى كل ما يشهده من سير المعاصرين، أو يطالعه من سير المتقدمين، وتبين به أين تجتمع القوى المحركة لبروز فضيلة ما بأظهر صورها أو رذيلة ما بأنكر مقدماتها ونتائجها، واتخذ ممن اجتمعت فيه تلك القوى شخصاً يرفعه إلى أفق الإبداع، وينطقه بأخفى ما تجيش به النفس، وأجمعه لأشتات النوازع، في أجهر ما يكون الصوت، وأفصح ما يكون اللفظ، وأبلغ ما ينساق المعنى وراء المعنى، ليقع أشد مواقعه من آذان السامعين، ومن أذهان المطالعين أبد الدهر، وأبعد ما تترامى الحدود بطبقات العالمين، لا فرق في الشخص الذي يهيئه بين أن يكون أميراً أو أجيراً، بطلاً محارباً أو وادعاً أميناً، مطهاعاً قديراً أو قنوعاً مستكيناً، مشاء بنميمٍ، مضمراً للكيد، أو مكشوف السريرة سليم النية، فيضيفه إلى المئاتِ من الأشخاص الذين أبرز سرائرهم الخاصة في قصصه، وأعاد

بهم خبايا الإنسانية مرفوعة عنها الحُجب، ومحصورة بإيجاز جامع مانع في تلك السلاسل المحدودة المتفرعة عليها أنواعها المنوعة بلا حدٍّ ولا نهاية.

قوة ذهنية فائقة كأن الله (سبحانه وتعالى) جلا لها سر إبداعه وتقديره في عباده. وقد شهد جمهور الأدباء وأرباب الفن في كل بلد من بلدان العالم، أن قصة هامْلِت هي الرائعة الأولى بين الروائع الكبرى التي ولدتها قريحة شكسبير، ولهذا مُثِّلَتْ في كل مسارح الأمم من غربية وشرقية على توالي ما تناقلتها وتدارستها الأمم، وتكرر تمثيلها في كل حواضرها، وقد ساهمت مصر بحظ في الاستمتاع بمشاهدة تلك الرائعة الباهرة، فتداولتها مسارحها منذ أعوام، وما زالت في كل عام تزداد أخذاً بألباب الجمهور، كما أن الجمهور يزداد إعجاباً بمحاسنها، وإكباراً لآيات الفصاحة والبلاغة فيها.

# مقدمة

## هامْلِت أمير الدانمارك

أصبحت جرترود ملكة الدانمارك أرملة بعد أن توفي زوجها الملك هامْلِت فجأة، ولكنها لم تلبث أرملة بعد وفاته إلا أقل من شهرين، ثم تزوجت بأخيه كلوديوس. وعدَّ الناس كلُّهم وقتئذٍ هذا الزواج أمراً غريباً ينطوي على الطَّيش وبَلادة الحس، أو على ما هو شر منهما. ذلك أن كلوديوس هذا لم يكن يشبه زوجها الأول في خَلْقِه أو خُلُقِه بل كان دميماً في مظهره، وحقيراً دنيئاً في مَخْبَره. وارتاب بعض الناس في أمره فقالوا: إنه قد عمل في الخفاء على التخلص من أخيه الملك السابق؛ لتتاح له فرصة الزواج بأرملته، والجلوس على عرش الدانمارك، مكان وارثه الشرعي الأمير الصغير ابن الملك السابق.

ولم يؤثر هذا العمل الطائش الذى أقدمت عليه الملكة في أحدٍ تأثيره في الأمير الشاب، الذى كان يحب أباه الميت ويجِلُّ ذكراه إجلالاً يكاد يبلغ حد العبادة. وكان هذا الشاب مُرهف الحس، دقيق الشعور

بالشرف، جَمَّ الأدب، كثيرَ التجمُّلِ والظرف في سلوكه، فآلمه وحزَّ في قلبِهِ مَسْلك أمه جرترود الشائن. وأثَّر فيه حزنه على أبيه وما لحقه من المهانة بزواج أمه، فاستسلم للهمِّ والكآبة، وفقد بِشْره ومرحه وجمال منظره، ولم يبقَ له شيء من ولعه السابق بكتبه، وكره كل ما يلائم شبابه من ضُروب الرياضة والألعاب، وسئم العالم الذي خال أن الشر قد طغى عليه حتى لم يبقَ فيه موضع للخير.

ولم يكن ذلك الذي أحزنه وأمَرَّ عيشَه أنه سيُحْرَم حقَّه الموروث في الجلوس على العرش، وإن كان هذا الحرمان في ذاته مما يَفُتُّ في عَضُد أمير شاب عزيز النفس ويسقط منزلته. ولكن الذى آلم قلبه، وأَكْسَفَ باله، وقضى على ما كان له من مرح وبهجة، هو ما أظهرته أمه من استخفاف بذكرى أبيه، ذلك الأب الذي كان لها زوجاً محباً، لَيِّن الجانب، دمث الأخلاق، مع أنها كانت تبدو دائماً زوجةً محبة مطيعة، تتعلق به كأن عواطفها قد نبتت عليه. والآن بعد شهرين من وفاته، أو بعد أقل من شهرين كما بدا للأمير الشاب، تزوجت من جديد، وكان زوجها عمه أخا زوجها المتوفى، وهو زوج تأباه الكرامة ولا تُجيزه الشرائع لما بين الزوجين من قُربى، ويزيده بُعداً عن الكرامة تلك السرعة المعيبة التي تمَّ بها، وما يتصف به الرجل الذى اختارته زوجاً لها، وشريكاً في ملكها من أخلاق هى أبعد ما تكون عن أخلاق الملوك. هذا هو الذى فتَّ في عَضُد هذا الأمير الشاب النبيل، وحطم قلبه أكثر مما لو كان قد خسر عشر ممالك لا

مملكة واحدة.

وحاولت أمه جرترود وحاول الملك- دون جدوى- أن يسلِّياه ويُذهبـا عنه الحزن، وظل لا يُرى في القصر إلا في ثياب حالكة السواد حزناً على موت أبيه الملك، ولم يبدِّل هذا اللون في يوم من الأيام حتى ولا في اليوم الذى تزوجت فيه والدته مجاملة لها، ولم يستطع أحد أن يقنعه بالمشاركة في حفلات ذلك اليوم الشائن في نظره ولا في مسراته.

وكان أشد ما يكربه ما خامره من الشك في موت أبيه، وقد قال كلوديوس إنه مات من لدغة أفعى، ولكن هامْلِت الشاب الفطن كان يظن أن هذه الأفعى لم تكن إلا كلوديوس نفسه، وأن عمه قد قتله ليرث ملكه، وأن الأفعى التى لدغت أباه تتربع الآن على عرشه.

وتحير هامْلِت في أمره فلم يدرِ ما هو نصيب هذا الظن من الصواب أو الخطأ، أو ما يقول في أمر والدته، فهل كانت مُطَّلِعة على سر هذا القتل؟ وهل حدث برضاها أو علمها أو بعدم رضاها وعلمها؟ هذه هى الظنون التى فتِئت تقلق بال هامْلِت وتنغص عليه حياته.

وترامت إلى هامْلِت إشاعةٌ فحواها أن بعض الجنود شاهدوا في أثناء حراستهم في منتصف الليل طيفاً شبيهاً كل الشبه بأبيه الملك المتوفى، واقفاً على الطُّوار أمام القصر ليلتين متواليتين أو ثلاث ليال متوالية. وقالوا: إن الطيف كان في كل مرة يأتى مُدَرَّعاً من قمة رأسه

إلى أخْمَصيْ قدميه كما كان يفعل الملك، ولم يختلف أحد ممن رأوْه، ومن بينهم هوراشيو – صديق هامْلِت الحميم – عن سائر زملائه في وصف هيئته أو ساعة مجيئه، فقالوا: إنه كان يُقبل عليهم عندما تدق الساعة الثانية عشرة، وإنه كان يبدو شاحب اللون ينمُّ وجهه عن حزن أكثر مما ينم عن غضب، وكانت لحيته مُرْبِدة سوداء تتخللها شعرات فضية كما كانوا يروْنها في حياته، وقالوا إنهم لما خاطبوا الطيف لم يرد عليهم، وخُيِّل إليهم مرة أنه رفع رأسه وتحرك حركة كأنه يريد أن يخاطبهم، ولكن ديك الصباح صاح في تلك اللحظة فتراجع الطيف مسرعاً واختفى عن أنظارهم.

ودُهِشَ الأمير الشاب من هذه القصة التي لم يكن فيها شيء من التناقض يحمله على إنكارها، واعتقد أن الطيف الذي رأوْه طيف أبيه، واعتزم أن يشترك مع الجند في الحراسة في تلك الليلة حتى تتاح له فرصة رؤيته، وقال في نفسه: «إن الطيف لم يجئ عبثاً، وإنما جاء لأن لديه سراً يريد أن يُفْضِي به، وإنه سوف يتحدث به إليَّ وإن ظل صامتاً حتى ذلك الوقت»، وأخذ يترقب مجيء الليل وهو على أحرِّ من الجمر.

فلما جَنَّ الليل وقف مع هوراشيو وحارس آخر يدعى مرسُلُس على الطُّوار الذي اعتاد الطيف أن يمشي عليه، الليلة قَرَّة وكان الهواء قارس البرد فوق عادته، وشرع هامْلِت وهوراشيو وزميلهما الثالث يتحدثون عن بردها حتى قطع عليهم حديثهم بقوله: إن الطيف

مقبلِ عليهم.

فلمَّا رأى هامْلِت روح أبيه ارتاع ودهش لرؤيته، ثم أهاب بالملائكة وأهل السماوات أن يقوه الشر هو ومن معه؛ لأنه لم يكُ يعرف ما إذا كان هذا الروح طيب أو خبيث، وما إذا كان يبغي خيراً أو شراً، ثم سكن روعه شيئاً فشيئاً، وخُيِّل إليه أن أباه ينظر إليه نظرة الحزن والأسى، وكأنه يريد أن يتحدث إليه، وبدا له أن الطيف لا يختلف في شيء عما كان عليه والده قبل موته، فلم يستطع هامْلِت أن يظل صامتاً بل تقدم إليه وناداه باسمه قائلاً: هامْلِت! مليكي! أبي! واستحلفه أن ينبئه عن سبب خروجه من قبره، وقد رأوْه يُوَارَى مطمئناً فيه، وعودته إلى هذا العالم مرة أخرى ليرى الأرض ونور القمر. وتوسل إليه ما يخبره ما إذا كان يستطيع هو ومن معه أن يفعلوا شيئاً يريحه ويُهَدِّئ روحه المضطرب. وأشار الطيف إلى هامْلِت أن يصحبه إلى مكان منعزل لا يراهما فيه أحد، وحاول هوراشيو ومرسلُس أن يقنعا الأمير الشاب بألا يسير وراءه لئلا يكون من الأرواح الخبيثة، فيذهب به إلى البحر القريب، أو قمة صخرة عالية، ثم ينقلب شبحاً مرعباً يرتاع منه الأمير ويفقد صوابه، ولكن نُصحهما ورجاءهما لم يثنيا من عزم الأمير فقد كانت الحياة لديه هَيِّنَةً رخيصة، لا يعبأ بها ولا يخشى فقدها، أما روحه فماذا يستطيع الطيف أن يفعل به وهو شيء خالد أبدي كالطيف نفسه؟ وأحس هامْلِت بأنه قد أوتي شجاعة الأسود، فانتزع نفسه من صاحبيه وهما

يبذلان جهدهما في أن يمسكا به، وأخذ يتبع الطيف حيث أراد.

ولما انفرد الطيف به نطق وقال: إنه طيف أبيه هامْلِت الذي اغتيل ظلماً وغدراً، ووصف له طريقة اغتياله، فقال الذى فعل به ذلك هو أخوه كلوديوس،- عم هامْلِت الصغير- الذي حامت حوله ظنونه من قبل- لكي يجلس على عرشه وينام في فراشه، فبينما هو نائم في حديقته، كما كان يفعل دائماً وقت الظهيرة، إذ تسلل إليه هذا الأخ الغادر وصبَّ في أذنيه عصير الشيكران السام، وهو نبات بينه وبين الحياة عداء، فإذا وصل شيء منه إلى جسم الإنسان انساب في عروقه انسياب الزئبق، وجمد دمه ونشر على جلده كله طبقة شبيهة بالجذام. وهكذا جاءه هذا الأخ وهو مُطْمَئَن في نومه، وانتزعه في غمضة عين من تاجه وملكه وحياته، ثم استحلف الطيفُ هامْلِت، إذا كان في قلبه حب لأبيه، أن يثأر به ويقتص من قاتله الأثيم. وأظهر الأبُ شديد أسفه لولده؛ لأن أمه حادت عن سبيل الفضيلة، فلم تستمسك بحبها لبعلها الأول وتزوجت بقاتله، ولكنه حَذَّره من أن يسلك سبيل العنف مع والدته، مهما كانت الوسائل التى يتخذها للقصاص من عمه الشرير، وطلب إليه أن يترك هذه الأم للعدالة الإلهية ولعذاب الضمير، ووعد هامْلِت أن يطيع الطيف في كل ما أمره به، ثم اختفى الطيف عن الأنظار.

ولما خلا هامْلِت إلى نفسه أقسم أن ينسى لساعته كل ما انطبع في ذاكرته، وكل ما عرفه من كتبه أو مشاهداته، وألا يحتفظ في عقله

إلا بما نبأه به الروح وما أمره بتنفيذه. لم يُفْضِ هامْلِت بتفاصيل ما دار بينه وبين روح أبيه إلا لصديقه العزيز هوراشيو، وحذره هو ومرسِلُس من أن يبوحا بشيء مما شاهداه في تلك الليلة.

وكان من أثر الرعب الذي استولى على مشاعر هامْلِت من مرأى الطيف أن كاد يُجَنُّ لهول ما رأى وكادت تختل موازين عقله؛ وذلك لأنه كان من قبل ضعيفاً منهوك القوى مشتت البال. وخشي أن يبقى هذا الأثر في نفسه فيلفت إليه الأنظار، ويأخذ عمه منه حذره إذا ظن أنه يُدَبِّر له شراً، أو أنه يعرف عن موت أبيه أكثر مما يتظاهر به، فاتخذ في تلك الساعة ذلك القرار العجيب، وهو أن يتصنع الجنون لاعتقاده أن عمه إذا رآه على هذه الحال أيقن بأنه عاجز كل العجز عن أن يفكر في أي أمر جِدِّي، فضلاً عن أن هذا الجنون المتصنَّع هو خير ما يُخفي به اضطرابه الحقيقي.

وبدا هامْلِت من ذلك الحين غريباً في زِيِّه وحديثه وتصرفه، وأتقن تَصَنُّع الجنون إتقاناً خدع به الملك والملكة، وكانا يظنان أن حزنه على أبيه لا يكفي لاضطراب عقله – لأنهما لا يعرفان ظهور الطيف – فلم يشكّا في أن الحب هو مَنْشؤه، وخالا أنهما قد عرفا الفتاة التى تعلق بها قلبه.

وذلك أنَّ هامْلِت كان قبل أن يستكين للحزن الذي سلف ذكره قد أحب فتاة حسناء تُدعى أوفيليا ابنة بولونيوس كبير مستشاري الملك في شؤون الدولة، وكان قد أرسل إليها رسائل وخواتم وأظهر

لها مراراً تعلُّقَه بها، وطلب إليها بإلحاح وبوسائل طاهرة شريفة أن تعطف عليه وتحبه. وصدَّقت هي توسله وأيمانه، ولكن الكآبة التي استولت عليه أخيراً قد صرفته عنها. ولما اعتزم أن يتصنَّع الجنون تكلَّف أيضاً بعض القسوة والخشونة في معاملتها، ولكن هذه الفتاة الطيبة لم تتهمه بالغدر وعدم الوفاء، بل أقنعت نفسها بأن الذي صَرَفه عنها وجعله أقل اكتراثاً بها هو اضطراب عقله لا قسوة عليها متأصلة في قلبه. وشبهت ما كان له من مواهب شريفة وذكاءٍ مفرطٍ أفسدهما ما طغى عليهما من حزن شديد، شبهت هذه المواهب وهذا الذكاء بالأجراس الموسيقية التي ترسل أعذبَ النغمات وأشجاها، ولكنها إذا عبثت بها الأيدي أو دُقَّت بغير يد صَنَّاع أحدثت نشازاً وأصواتاً منكرة تؤذي السمع.

ولم يكن العمل الصعب الذي هو مُقْدِم عليه، وهو القصاص من قاتل أبيه، مما يتفق مع الغَزَل وما فيه من عبث، أو مما يُسمح له بأن تجيشَ في صدره عاطفة الحب التي بدت له الآن غاية في السخف، ولكن هذا العمل نفسه لم يكن ليمحو من عقله كل تفكيره في أوفيليا، بل ظلت ذكراها تعاوده الفينة بعد الفينة، وفي ساعة من هذه الساعات ظن أنه قد قسا على هذه الفتاة الحسناء لغير سبب معقول، فكتب إليها رسالة وصف فيها عواطف الحب التي كانت تجيش في صدره بعبارات شاذة غريبة تتفق مع ما يَدَّعيه من جنون، ولكنها مع ذلك كان يمتزج بها شيء من العواطف الحقة، تبينت منها هذه الفتاة

النبيلة أنه لا يزال يُكِنُّ لها في أعماق قلبه حباً خالصاً قوياً. وقد أمرها في هذه الرسالة أن تشك في أن النجوم من نار، وأن الشمس تجري في فلكها، وأن تشك في الصدق نفسه وترميه بالكذب، ولكن عليها ألا تشك قط في أنه يحبها، إلى غير ذلك من العبارات الشاذة الغريبة.

ورأت أوفيليا أن من حق أبيها عليها أن تُطْلِعَه على هذا الخطاب، ورأى الشيخ أن من واجبه أن يُطْلِعَ عليه الملك والملكة، وظن الاثنان من ذلك الحين أن الحب هو الذي سلب عقله، وتمنت الملكة أن يكون جمال أوفيليا البارع هو الذي يدفعه إلى هذه الأطوار الغريبة؛ لأن هذا يُقَوِّي أملها في أن جمالها وفضائلها قد يرجعان به إلى سابق عهده، فتعود له ولها كرامتهما الأولى.

ولكنها قَدَّرت فأخطأت التقدير، فلقد كان مرض هامْلِت أعمق مما تظن، وأشد من أن يشفيه هذا العلاج. لقد ظل طيف أبيه الذي شاهده من قبل ينتاب خياله، ولم يكن ليطمئن له بال حتى يُنفِّذ ما أمره به من الانتقام لوالده القتيل. وكان يرى أن كل ساعة تمر به إثم لا يُغْتَفَر له وعصيان لأمر والده، ولكن قَتْلَ الملك ومن حوله حراسه وجنده لم يكن بالأمر الهَيِّن، ووجود أمه مع الملك في معظم الأوقات عقبة في سبيله لا يستطيع التغلب عليها. وفوق هذا وذاك فإن هذا المغتصب هو زوج أمه، وهذا في حد ذاته يقلق باله بعض القلق ويوهن من عزيمته، وفضلاً على هذا كله فإن اعتداء الإنسان على حياة أخيه الإنسان جرم شنيع بغيض لا يطيقه شخص أوتي من

رقة الطباع ودماثة الخلق ما أوتي هامْلِت. وقد مر عليه زمن طويل وهو حزين مكتئب منقبض الصدر، فأوهن ذلك عزمه ومنعه من أن يجزم أمره ويسير في قصده إلى غايته، وكان لا يزال يخامره بعض الشك في أن هذا الطيف الذي رآه هو روح أبيه حقاً، وليس هو الشيطان الذي قيل له: إن في استطاعته أن يتخذ لنفسه أية صورة يريدها، فاتخذ صورة أبيه ليستفيد من ضعفه وحزنه عليه، ويدفعه إلى التورط في هذا العمل الجريء العنيف؛ وهو الفتك بعمه. ولهذا كله اعتزم أن يتريث في الأمر حتى تتجمع لديه أسباب أقوى من حديث الطيف الذي ربما كان الوهم هو الذي صوره له.

وبينا هو في هذه الحال من التردد إذ وفد إلى بلاط الملك جماعة من الممثلين كان هامْلِت فيما مضى يُسَرُّ بتمثيلهم، وكان يعجبه بنوع خاص أن يسمع أحدهم يلقي خطاباً محزناً يصف فيه موت الشيخ بريام ملك طروادة وحزن الملكة هكيبا. واختفى هامْلِت بالممثلين أصدقائه الأقدمين، وتَذَكَّر أن هذا الخطاب كان يطربه من قبل فطلب إلى ملقيه أن يعيده على مسامعه، فألقاه هذا الممثل إلقاءً بارعاً أظهر فيه ما ارتُكِبَ من القسوة في قتل الملك الشيخ الضعيف، وما حل بشعبه وبلده من كوارث حين التهمت النار المدينة، وما أصاب الملكة العجوز من حزن ذهب بعقلها، فأخذت تعدو في القصر حافية القدمين، وفي مكان التاج من رأسها خرقة بالية، وعليها بدل الملابس الملكية قطعة من لحاف حول وسطها اختطفتها على عَجَل.

وقد أجاد الممثل تمثيل هذا الدور وأتقنه إتقاناً أثَّر في جميع الحاضرين، فبكوْا أسى وحسرة، حتى إن الممثل نفسه قد أثر فيه الموقف فألقى خطابه بصوت أجشَّ ودمع منهمر.

ورأى هامْلِت هذا فقال في نفسه إنه إذا كان في وسع هذا الممثل أن يُظهر هذا الانفعال الشديد وهو يُلْقي خطاباً موضوعاً، فيبكي من فَرْط حزنه على سيدة لم تقع عليها عينه- على هكيبا التي مضى على موتها مئات السنين- إذا كان في وسع الممثل أن يفعل هذا فما باله هو يبقى خاملاً بليداً، ولديه من الأسباب الحقة ما يثيره ويلهب نفسه؟ لديه ملك حق وأب عزيز قد قُتِل غيلة ولم يتأثر هو بذلك إلا قليلاً، وقد ظل غِلُّه خامداً ونسي ثأر أبيه حتى ليكاد دمه يذهب هدراً.

وبينا هو يفكر في التمثيل والممثلين والأثر الذي تتركه في النظارة رواية جيدة الوضع متقنة التمثيل، تَذَكَّر قصة قاتل رأى في يوم من الأيام مقتلاً يمثَّل على المسرح فتأثر من إتقان التمثيل وانطباقه على الحقيقة، فلم يسَعْه إلا أن يُقرَّ من فوره بجرمه. واعتزم هامْلِت أن يدعو الممثلين أن يمثلوا أمام عمه رواية شبيهة بمقتل أبيه، وأن يراقب هو عمه عن كثب ليرى ما يُحْدِثه التمثيل من الأثر في نفسه، فيعرف عن يقين من ملامح وجهه أكان هو قاتل أبيه أم لم يكن. وأمر أن توضع لذلك رواية، ودعا إلى مشاهدة تمثيلها الملكَ والملكة.

وكان موضوع الرواية جريمة قتل ارتُكبت في «ويانة»، وذهب

ضحيتها الدوق. وكان اسم هذا الدوق جنزاجو واسم زوجته ببتستة، وقد اغتيل الدوق في حديقته مسموماً بيد أحد أقربائه الأدنين المسمى لوسيانوس طمعاً في أملاكه، وبعد زمن قليل من موته أحبت القاتلَ زوجةُ الدوق جنزاجو.

وشهد الملك تمثيل الرواية وهو لا يعلم بالشَّرك الذي نُصِبَ له، وشهدتها معه الملكة وحاشية القصر كلها، وجلس هامْلِت إلى جانب الملك ليرقب منظره. وبدأت الرواية بحديث بين جنزاجو وزوجته أعربت فيه الزوجة عما تُكِنُّه لزوجها من حب خالص، وعن اعتزامها ألا تتخذ لها زوجاً غيره إذا ما عاشت بعده، واستنزلت على نفسها اللعنات إذا ما فعلت غير هذا، وقالت: «إن اللاتي يتزوجن بعد موت أزواجهن هن اللاتي يقتلن بعولتهن الأولين». وشاهد هامْلِت عمه الملك يمتقع لونه عندما سمع هذه العبارة ورأى أنها كان لها أسوأ الوقع في نفسه ونفس الملكة، فلما أن هَمَّ لوسيانوس أن يَسُمَّ جنزاجو وهو نائم في حديقة قصره، ورأى الملك شبهاً شديداً بين هذا العمل وبين الجُرْم الذي ارتكبه هو حين سَمَّ أخاه الملك السابق في حديقته، فآلم ذلك ضَميره ولم يقوَ على البقاء إلى آخر الرواية، بل طلب على حين غفلة أن تُضاء الأنوار، وتظاهر بأنه قد أصابته فجأة نوبة من المرض، أو لعله قد شعر ببعض المرض حقيقة، فترك التمثيل مسرعاً، ولما غادر الملك المكان لم يُتِمَّ الممثلون الرواية، وكان فيما رآه هامْلِت بعينه ما يكفي لإقناعه بأن ما حَدَّثَهُ

به الطيف حقيقة لا وَهْمٌ، وابتهج كما يبتهج الرجل إذا رفع عنه وزر كان ينقض ظهره، أو أيقن بأمر كان يشك فيه، وأقسم لصديقه هوراشيو أنه يراهن بألف جنيه على أن ما حدَّث به الطيف حق لا مراء فيه. ولكنه قبل أن يضع الخطة التي يتبعها للأخذ بثأره بعد أن ثَبُتَ له أن عمه هو الذي قتل أباه، بعثت إليه والدته تدعوه لتتحدث إليه حديثاً خاصاً في مخدعها.

وكان طلبها له إجابة لرغبة الملك، فقد أراد أن تنبه الأُمُّ ولدها إلى أن تصرُّفه الأخير قد أغضبهما جميعاً، وأراد الملك أن يعرف كل ما يدور بينهما من الحديث، وظن أن عاطفة الأمومة قد تغري الملكة بالتحيُّز لولدها فتخفي عن الملك بعض ما يهمه أن يعرفه من أقوال هامْلِت، فأمر بولونيوس مستشار الدولة الكبير أن يقف خلف الستائر في مخدع الملكة ليسمع ما يدور بينهما من غير أن يراه أحد. وكان هذا الاحتيال مما يلائم طبع بولونيوس كل الملاءمة، فقد قضى هذا الرجل عمره منغمساً في أساليب السياسة ومبادئها الملتوية، وكان يَسُرُّه أن يعرف الأشياء بطريق الاحتيال المعوج البعيد.

وجاء هامْلِت إلى والدته فشرعت تُعَنِّفه بأقسى الألفاظ على تصرفاته وأعماله، وقالت له: إنه قد أغضب أباه كثيراً- تريد بذلك أنه أغضب عمه الملك الذي سَمَّته أباه لأنه تزوج بها. واغتاظ هامْلِت أشد الغيظ حين سمع أمه تدعو هذا النذل، الذي لا يعرف عنه أكثر من أنه قاتل أبيه الحق، بهذا الاسم الكريم المحبب إليه، فأجابها في

شيء من الجدة: أمي، لقد أسأتِ أنتِ كثيراً إلى أبي. فقالت له أمه: إنَّ هذا ردٌ سخيف. فأجابها بقوله: إنه خير رد يستحقه السؤال. وسألته أمه هل نسي من هي التي يحدثها؟ فأجابها بقوله: ليتني أستطيع أن أنسى أنكِ الملكة التي تزوجت بأخي زوجها، وأنكِ أمي. ألا ليتكِ كنتِ غير ما أنتِ. فقالت له: إذا كان هذا مبلغ احترامك لي، فسأدعو من يستطيعون أن يتحدثوا إليك.

وهَمَّت أن ترسل في طلب الملك أو بولونيوس. ولكن هامْلِت وقد سنحت له فرصة الاجتماع بها منفرداً لم يرَ أن يتركها تفلت من يده حتى يحاول أن يشعرها بما في حياتها من إثم، فقبض على معصمها قبضة قوية، وأرغمها على الجلوس، وارتاعت الملكة لما شاهدته عليه من مظاهر الجد. وخشيت أن يدفعه جنونه إلى إيذائها، فصرخت صرخة عالية، وسُمع من وراء الستار صوت ينادي: «وا غوثاه! أدركوا الملكة». وسمع هامْلِت هذا الصوت فظنه صوت الملك نفسه مختبئاً وراء الستار، فاستلَّ سيفه وأخذ يطعن به المكان الذي جاء منه كأنه يطعن فأراً يجري فيه، وما زال يوالي الطعن حتى انقطع الصوت وظن أن صاحبه قد مات. فلما أخذ بعدئذٍ يقلب جسم القتيل لم يجده الملك بل وجده الشيخ بولونيوس المستشار المتطفل الذي وقف يتجسس عليه من وراء الستار. وصرخت الملكة قائلة: وا حسرتاه! أي جُرْمٍ شنيع قد ارتكبت بطيشك. فأجابها هامْلِت: حقاً، إنه لجرم شنيع يا أماه، ولكنه لم يبلغ ما بلغه جرمكِ أنتِ التي

قتلت ملكاً وتزوجتِ بأخيه!

وكان هامْلِت قد قطع في طريقه إلى غرضه شوطاً لا يستطيع معه أن يقف عند ما وصل إليه، وكان الآن في حالة عقلية يستطيع فيها أن يفصح عما في قلبه لوالدته، فواصل حديثه إلى غايته. نعم، إن الأبناء يجب ألا يغلظوا القول لآبائهم إذا ما حدثوهم عن أخطائهم، لكنه لا حرج على الابن أن يخاطب أمه نفسها بشيء من الغِلظة إذا ما ارتكبت جريمة شنيعة. وكان غرضه من هذه الغلظة إصلاح حالها لا تأنيبها فحسب؛ ولذلك أخذ هذا الأمير الطاهر يصف لأمه بعبارات قوية مؤثرة ما ارتكبته من جرم شنيع بنسيانها ذكرى أبيه المليك الميت، وزواجها بعد موته بقليل بأخيه الذي اشتهر بين الناس بأنه قاتله، وقال: إن هذه الفعلة التي فعلتها بعد الأيمان المغلظة التي أقسمتها بأن تكون وفية لزوجها الأول تكفي وحدها لأن تزعزع ثقة الناس بأيمان جميع النساء، وتحملهم على أن يَعُدُّوا الفضائل كلها كذباً ونفاقاً، وعقود الزواج أقل شأناً من أيمان اللاعبين، والدين نفسه لهواً ولعباً وألفاظاً تلوكها الألسنة. وكان مما قاله لها: إنها قد فعلت فعلة تنفطر منها السماوات وتَنْشَقُّ الأرض، ثم أخرج لها صورتين إحداهما للملك المتوفى زوجها الأول، والأخرى لزوجها الثاني الملك الحالي، وطلب إليها أن تتأمل ما بين الصورتين من فوارق. لقد كان لأبيه وجه سَمحٌ جميل كوجه الملائكة الأبرار، وكانت له غدائر كغدائر «أبوللو» وجبهة كجبهة «جوبيتر»، وعينان كعيني «المريخ»، وكان

إذا جلس كأنه «عطارد» نزل حديثاً على جبل شامخ يناطح السماء، وقال لها: إن هذا هو الرجل الذي كان لها زوجاً. ثم أراها صورة الرجل الذي تزوجت به بعده وقال: إنه رجل سقيم، بل هو السقام مجسم؛ لأنه أصاب أخاه السليم. وخجلت الملكة أشد الخجل حين كشف لها عن خبيئة نفسها، وأدركت ما هي عليه من ضلال وفساد، وسألها كيف تستطيع أن تعيش بعد الآن مع هذا الرجل، وتكون زوجة لمن قتل بيده زوجها الأول وأخذ منه التاج أخذ اللصوص.

وبينا هو في حديثه إذ دخل الحجرة طيف أبيه في صورته التي كان عليها أيام حياته والتي رآه عليها من قبل، وسأله هامْلِت في رعب شديد عما يريد، وقال الطيف: إنه جاء ليذكره بالثأر الذي عاهده عليه، والذي يلوح أنه نسيه، وطلب إليه أن يحدث أمه لئلا يقضي الحزن والرعب على حياتها. ثم اختفى ولم يرَه أحد غيرهامْلِت، وإن كان قد أشار إلى أمه إلى موضعه ووصفه لها، ولكنها لم تره وظنت أن هامْلِت يُحَدِّث نفسه، فاستولى عليها الرعب وعَزَت ما تشاهده منه إلى اضطراب عقله. ولكن هامْلِت طلب إليها ألا تحسن الظن بنفسها الخبيثة، فتحسب أن السبب الذي جاء بروح أبيه إلى هذه الأرض هو جنون ولدها لا شناعة جُرمها، ورَغَّبَ إليها أن تجس نبضه لتعرف أن قلبه يدق دقاً منتظماً لا كما تدق قلوب المجانين. ثم رجاها والدمع يفيض من عينيه أن تستغفر لذنبها وتندم على ما فات، وأن تتجنَّب في مستقبل أيامها صُحْبة الملك فلا تكون له كما تكون الأزواج، فإذا ما فعلت ذلك حفظت عهد أبيه وأظهرت أنها

أم له حقاً، طلب إليها عندئذٍ أن تدعو له بخير كما يطلب الأبناء دعاء أمهاتهم لهم، وعاهدته أمه على أن تطيع أمره وانتهى اجتماعها به.

وكان في وسع هامْلِت وقتئذٍ أن يتبين من هو الشخص الذي قضى على حياته باندفاعه وتهوره المشؤوم، فلما رأى أنه قد قتل بولونيوس والد محبوبته أوفيليا نقل الجثة من مكانها، وكانت نفسه قد هدأت قليلاً فأخذ يبكي حسرة على ما فعل.

واتخذ الملك هذا الحدث المشؤوم – وهو مقتل بولونيوس – حجة تذرَّع بها لإخراج هامْلِت من المملكة، وكان يودُّ لو استطاع أن يقتله؛ لأنه يرى في وجوده خطراً عليه، ولكنه كان يخشى الشعب الذي يحب هامْلِت، ويخشى الملكة التي كانت على الرغم من أخطائها مولعة بولدها الأمير، ولذلك أمر هذا الملك الماكر أن يحمل هامْلِت على ظهر سفينة مسافرة إلى إنجلترا بحجة إنقاذه من تبعة قتل بولونيوس، وعهد بحراسته إلى رجلين من حاشيته، وأرسل معهما رسائل إلى بلاط إنجلترا التي كانت في ذلك الوقت خاضعة لمملكة الدانمارك تؤدي لها الجزية، وطلب في هذه الرسائل أن يُقْتَل هامْلِت عندما تطأ قدماه أرض تلك البلاد لأسباب خاصة مختلفة ادَّعاها في رسائله. وارتاب هامْلِت في الأمر وظن فيه غدراً، فحصل على الرسائل في أثناء الليل بطريقة خفية، واستطاع بمهارته أن يمحو منها اسمه ويضع بدله اسمي الرجلين اللذين كانا يرافقانه في رحلته، ثم ختم الرسائل كما كانت وأعادها إلى موضعها. وبعد أن

سارت السفينة قليلاً هجم عليها جماعة من لصوص البحار، ونشبت بينها وبينهم معركة بحرية، أراد هامْلِت أن يبرهن فيها على شجاعته وشدة بأسه فهجم بمفرده على سفينة الأعداء وترك سفينته تفر من القتال فرار الجبان. وتركه الحارسان تتصرف فيه الأقدار واتّخذا طريقهما في البحر إلى إنجلترا، سالكين إليها خير سبيل يستطيعان سلوكه، ومعهما الرسائل التي بدّل هامْلِت معناها فأوقعهما في شر أعمالهما. ووقع هامْلِت أسيراً في يد اللصوص ولكنهم كانوا أعداءً رحيمين، وعرفوا أسيرهم فأنزلوه إلى البَرِّ عند أقرب ثغر من ثغور الدانمارك، لعل الأمير يستطيع أن يجيزهم على حسن صنيعهم بأن يشفع لهم عند الملك. وكتب هامْلِت من مكانه رسالة إلى الملك، قصَّ عليه فيها ما وقع له من الحادثات الغريبة التي عاد بسببها إلى بلاده، وأبلغه أنه سوف يمثل بين يدي جلالته غداً، فلما جاء وقعت عيناه أول ما وقعت على منظر أحزنه أشد الحزن.

وكان المنظر الذي رآه جنازة أوفيليا الفتاة الحسناء التي كان من قبل يهيم بحبها، وكان سبب موت هذه الفتاة أن موازين عقلها بدأت تختل بعد موت أبيها، فقد أثر في قلب هذه الفتاة الرقيق أن يُغتال أبوها وأن يغتاله الأمير الذي تحبه، فلم يمضِ على موته إلا قليل من الوقت حتى ذهب عقلها كله، وأخذت تطوف الطرقات، تقدم الأزهار إلى سيدات البلاط، وتقول لهن: إنها أعدت تلك الأزهار لجنازة أبيها. ثم تنشد أناشيد الحب تارة وألحان الموت مرة أخرى،

ومنها ما ليس له معنى على الإطلاق، كأنها لا تذكر شيئاً مما أصابها. وكانت هناك صفصافة تنمو مائلة على ضفة غدير، وتنعكس صورة أوراقها على صفحة الماء، فجاءت يوماً إلى هذا الغدير حين غفلت عنها أعين الرقباء تحمل تيجاناً صنعتها بيدها من خليط من الأقحوان والقريض والزهر والعشب، وتسلقت الصفصافة لتعلق تاجها على أغصانها، فانكسر الغصن وهَوَتْ الفتاة الحسناء هي والتاج وكل ما جمعته من الأزهار في مياه الغدير.

وحملتها ملابسها فوق الماء برهة من الزمن وأخذت تغني في أثنائها قطعاً من ألحان قديمة كأنها لا تعي ما حلَّ بها، أو كأنها من الخلائق التي تعيش في الماء. ولكنها لم تلبث إلا قليلاً حتى امتلأت ملابسها ماء فثقلت وجذبتها إلى قاع الغدير، فقطعت عليها غناءها وماتت في الطين أشنع ميتة. وكانت جنازة هذه الفتاة الحسناء، هي التى يشيعها أخوها لايرتس ويحضرها الملك والملكة وحاشيتهما حين أقبل هامْلِت على المدينة.

ولم يَدْرِ هامْلِت شيئاً مما حدث، فوقف على جانب الطريق حتى لا يقطع على المحتفلين احتفالهم. ورأى الأزهار تُنْثَر على القبر كما يفعل الناس عندما يدفنون الفتيات الأبكار، ونثرت الملكة هذه الأزهار بيدها وقالت وهي تنثرها: «إنَّ الحسان تُهدى إليهن أحسن الأشياء، لقد كنتُ أظن أيتها الغانية أني سَأُزَيِّن سرير عرسك، فإذا بي أنثر الأزهار على قبرك، أنتِ يا من كنتُ أرجو أن تكوني زوجة لولدي هامْلِت.

وسمع هامْلِت أخاها يدعو ربه أن ينبت البنفسج على قبرها، ورآه يقفز مهتاجاً إلى القبر وقد ذهب الحزن بعقله، ويأمر الخدم أن يهيلوا عليه جبالاً من الثرى حتى يُدْفَن معها. وعاد حب الفتاة الحسناء إلى قلبه ولم يَطِق أن يرى أخاً يُظهر من الحزن ما أظهره هذا الأخ؛ لأنه كان يظن أن حبه لـ أوفيليا يعدل حب أربعين ألفاً من الإخوة. وعندئذٍ أظهر هامْلِت نفسه وقفز إلى القبر وراء لايرتس، وكأنه مجنون مثله أو أشد منه جنوناً. وعرف لايرتس أنه هامْلِت الذي يحمل وزر قتل أبيه وأخته، فقبض قبضة العدو الألدِّ على عنقه، ولم يتركه حتى فرَّق بينهما الخدم. ولما فرغوا من تشييع الجنازة اعتذر هامْلِت عن طيشه وتسرعه في إلقاء نفسه في القبر، كأنه يريد قتال لايرتس، وقال: إنه لم يَطِق أن يرى أحداً من الخلق أشد منه حزناً على أوفيليا. وظن الناس حيناً من الدهر أن العداوة قد زالت من قلب هذين الشابين النبيلين.

ولكن الملك الأثيم عم هامْلِت أراد أن يتخذ من غضب لايرتس وحزنه على أبيه وأخته سبباً يستعين به على هلاك الأمير، وأخذ يُحَرِّض لايرتس على أن يتذرع بما تم بينهما من صلح فيدعو هامْلِت إلى مباراة ودّية يظهران فيها براعتهما في المبارزة بالسيف. وقَبِلَ هامْلِت الدعوة، وحدد يوم المباراة، وشهده جميع رجال البلاط وأعدَّ لايرتس بأمر الملك سيفاً مسموماً، وتراهن رجال الحاشية بمبالغ طائلة؛ لأنهم كانوا يعرفون براعة هامْلِت ولايرتس في

المبارزة، وأخذ هامْلِت السيوف القلفاء واختار واحداً منها دون أن يرتاب في أمر لايرتس أو يُعنى بتفقد سيفه الذي لم يكن أقلف مثلها كما تقضي بذلك شريعة المبارزة، بل كان حاداً مسموماً.

وأخذ لايرتس أول الأمر يداعب هامْلِت، وسمح له أن يتفوق عليه، وبالغ الملك المنافق في هذا الفوز، وأخذ يطنب في مدحه، وشرب نخب هامْلِت وفوزه، وراهن على نتيجة المباراة رهاناً كبيراً. ثم ازداد لايرتس حماسة بعد بضع جولات، وهجم على هامْلِت هجمة عنيفة وطعنه طعنة قاتلة بحد سيفه المسموم. واهتاج هامْلِت، ولم يكن يعرف كل ما دبره له لايرتس من غدر، واستبدل بسيفه العادي سيف لايرتس المسموم، وهجم به على خصمه وطعنه طعنة نجلاء ذاق بها وبال أمره. وصرخت الملكة في هذه اللحظة وقالت إنها سُمَّتْ، وذلك أنها شربت وهي غافلة من إناء الملك ليشرب منه هامْلِت إذا ما خرج من المبارزة حران في حاجة إلى الماء. وكان هذا الملك الغادر قد دسَّ في هذا الماء سماً زعافاً ليضمن به القضاء على هامْلِت إذا ما نجا من سيف لايرتس، ونسي أن يُنبِّه الملكة إلى حقيقة ما في الماء فشربته وماتت لساعتها، ونادت وهي تلفظ آخر أنفاسها أنها قضت نحبها مسمومة.

وتوقع هامْلِت أن يكون في الأمر خيانة، فأمر أن تُغْلَق الأبواب، وشرع يفحص عن الحقيقة، وطلب إليه لايرتس ألا يطيل البحث؛ لأنه هو الخائن الغادر، وأحس هذا الشاب بدنو أجله من أثر الجرح

الذي أصابه به هامْلِت فأقرَّ بجرمه وبما جناه على نفسه، ولم يُخْفِ عن هامْلِت أمر السيف المسموم، وأخبره أنه لن يعيش أكثر من نصف ساعة بعد ذلك الوقت؛ لأن هذا السم لا يُرجى منه شفاء. ثم سأله أن يغفر له ذنبه، وقضى نحبه، وقال وهو في سكرة الموت: «إن الملك أصل هذا البلاء كله».

ورأى هامْلِت أجله يتصرم، ورأى في السيف بقية من السم، فهجم به فجأة على عمه الغادر وطعنه بسنه في صدره، وبَرَّ بما وعد به روح أبيه، فَنَفَّذَ أمره، وانتقم له من قاتله الأثيم. وشعر هامْلِت بدنو أجله وانقضاء أنفاسه المعدودة فالتفت إلى صديقه العزيز هوراشيو الذي كان طوال الوقت يشاهد هذه المآسي المروعة، وطلب إليه أن يُبقي على نفسه ليقص على العالم قصته، فقد بدت من هوراشيو في ذلك الوقت إشارة تنم عن عزمه على الانتحار ليقضي نحبه مع الأمير. وعاهده هوراشيو على أن يروي هذه القصة في صدق وأمانة؛ لأنه مُطَّلِع على جميع أسرارها. فلما أرضى هامْلِت ضميره وتم له ما أراد تحطم قلبه النبيل، وانهمر الدمع من عيني هوراشيو ورفاقه الذين شاهدوا هذه المأساة، ودعوا الملائكة الكرام أن يرفقوا بروح الأمير الطيب النفس، اللين العريكة. وفي الحق أن هامْلِت كان أميراً لين العريكة محباً للناس، رفيقاً بهم، محباً إليهم جميعاً لنبله وكرم سجاياه، وما من شك في أنه لو عاش لكان أعظم مَن جلس من الملوك على عرش الدانمارك.

خليل مطران

# شخصيات الرواية

كلوديوس: ملك الدانمارك.

هامْلِت: ابن الملك الراحل، وابن أخ الملك الحالي.

بولونيوس: رئيس الديوان الملكي.

هوراشيو: صديق حميم لهامْلِت.

لايرتس: ابن بولونيوس.

مرسلُس: ضابط.

برناردو: ضابط.

فرنسيسكو: عسكري.

رينالدو: خادم بولونيوس.

رجال الحاشية:

فولتيمان.

كورنيليوس.

روزنكرنس.

جيلد تشترن.

أوزريك.

**ممثلون:**

مُهَرِّجان. وحُفَّار قبور.

**فورتنبراس:** أمير النرويج

سفراء إنجلترا.

**السيدات:**

**جرترود:** ملكة الدانمارك ووالدة هامْلِت.

**أوفيليا:** ابنة بولونيوس.

لوردات. سيدات. ضباط. عساكر. بحارة. مراسلون وتابعون آخرون.

**شبح:** والد هامْلِت.

**المنظر:** الدانمارك.

**الزمن:** القرن الرابع عشر.

# الفصل الأوَّل

## المشهد الأول

(موقف مرصوف أمام القصر. مسكن وقلعة فرنسيسكو قائماً للحراسة، وبرناردو مقبلاً عليه)

برناردو: من الزَّوْل؟ تَعَرَّفْ.

فرنسيسكو: لا، وإنما عليك الرد، قف، وقل من أنت؟

برناردو: يحيا الملك.

فرنسيسكو: أ برناردو؟

برناردو: هو بعينه.

فرنسيسكو: جئت في الميقات بالدقة.

برناردو: سمعت ساعةً تُعلن انتصاف الليل. أدركْ سريرك يا فرنسيسكو.

فرنسيسكو: ألف حمد لك على هذه المِنَّة، البرد قارس، وقلبي في وَحْشَة.

برناردو: أكانت حراستك هادئة؟

فرنسيسكو: لم يتحرك فأرٌ في جُحْر.

برناردو: اذهب راشداً طاب لك الليل، وإذا لقيت رَفِيقيَّ في العَسَسِ هوراشيو ومرسلُس فأوصهما بالإسراع في المجيء.

فرنسيسكو: أظنهما بمَسْمَعٍ مني. هيَّا وقوفاً. مَن الرجال؟

(يدخل هوراشيو ومرسلُس)


هوراشيو: أصدقاء لهذا البلد.

مرسلُس: ومن بِطَانَةِ ملك الدانمارك

فرنسيسكو: طاب ليلكم.

مرسلُس: انصرفْ بسلام أيُّها الجنديُّ الأمين. مَن حلَّ محلَّك؟

فرنسيسكو: برناردو حلَّ محلِّي، طاب ليلكم (يخرج فرنسيسكو).

مرسلُس: إيه برناردو.

برناردو: ماذا تريد أ هوراشيو مَن أرى هناك؟

هوراشيو: بَضْعَة صغيرةً منه، أو بَعْضَهْ.

برناردو: مرحباً هوراشيو مرحباً أيُّها الجواد مرسلُس.

مرسلُس: وبعد. أفعاد ذلك الطيف في هذه الليلة؟

برناردو: لم أرَ شيئاً.

**مرسلُس:** هوراشيو يقول إن ذلك محضُ توهم منا، ولا يُطِيقُ تصديقَ تلك الرؤية الرائعة التي رأيناها نحن مرتين. لذلك ألْحَحْتُ عليه بمُساهَرَتِنَا الليلةَ، دقيقةً بدقيقة، حتى إذا بدا الطيف كعادته، تحقق منه وكلَّمه.

**هوراشيو:** رُويدَكما، رويدكما. لن يُرى ذلك الخيال.

**برناردو:** اجلس هنيهة، ودعْنَا نُحَاصِرْ أُذنيك المستعصيتين على حديثنا مع أن ما وصفناه لك قد رأيناه ليلتين متتابعتين.

**هوراشيو:** فلنجلس ونسمع برناردو يُحَدِّثُنا عن ذلك.

**برناردو:** في الليلة البارحة، بينما كان هذا النجمُ بعينه... النجم الذي مطلعه إلى غَرْب القطب، قد سار سِيرَتَهُ حتى وصل إلى هذه الجهة التي يسطَعُ فيها الآن من السماء، كنت ومرسلُس في العَسَس، والساعة عندئذٍ نحوٌ من الواحدة.

(يدخل الطيف)

**مرسلُس:** صهٍ. اقطع كلامك. أنظر ها هو ذا عائد.

**برناردو:** إنما ظاهره ظاهر الملك الذي مات.

**مرسلُس:** أنت فصيحٌ عليم. خاطبه يا هوراشيو.

**برناردو:** ألا يشبه الملك؟ تَبَيَّنْهُ يا هوراشيو.

**هوراشيو:** أشبهُ شيء به. إني لأقضي عجباً وأرتعدُ رَهَباً.

برناردو: كَأَنه يرغب في أن يوجه إليه الخطاب.

مرسلُس: كلِّمه يا هوراشيو.

هوراشيو: من أنت أيها الطارقُ في هذه الساعة من الليل طُروقَ الغاصبِ، مُتَلَبِّساً بشكل ذلك الملك النبيل الشجاع، الذي تَمَثَّلَتْ به جلالةُ الدانمارك زمناً ثم الآن دُفِنَتْ بدفنه، باسم السماء أدعوك إلى التكلم، أجِبْ.

مرسلُس: إنه لمُغضَب.

برناردو: يتولى مُتَرَفِّعاً.

هوراشيو: قف. تكلم. تكلم. أعْزِمُ عليك.

(يغيب الطيف)

مرسلُس: مضى ولن يرد.

برناردو: ما بالك يا هوراشيو قد أخَذَتْكَ الرَّعدة، وامْتَقَعَ وجهُك. أليس هذا أكثَرَ من الوهم! ما تظن؟

هوراشيو: أعْتَرَف بين يدي ربي أنني لولا شهادة عينيَّ لمَا آمنت.

مرسلُس: أليس شبيهاً بالملك؟

هوراشيو: بلى. كما أنت شبيهٌ بنفسك. تلك شِكَّةُ سلاحه ودِرْعُهُ التي ادَّرَعها حين قاتل النرويجي الطمّاع، وكعُبُوسته الليلة، كانت عُبُوسته حين جَرَتْ وَحْشة شديدة بينه وبين البولوني فاقتلعه من زَحّافته وألقى به عَلَى الجَمَد. يا للغرابة!!

مرسلُس: لقد مرَّ بموقفنا مرتين قبل هذه بمثل الهيئةِ الجريئةِ التي رأيتها، في مثل هذه الساعةِ الرهيبةِ كساعة الموت.

هوراشيو: في أي مَدَار يجب أن أدير فكري لأعلَم شيئاً مُحقَّقاً في هذا المعنى؟ لست أدري ولكنني أميلُ بجملة رأيي إلى أنَّ في الأمر ما يُنْذِرُ بانفجار غريب يُوشِكُ أن يحدُث في مملكتنا.

مرسلُس: كلام معقول. لنجلس وقل لي إن كنت تعرف سبب هذه الحِرَاساتُ المتوالية المُرهِقَةُ التي يُسامُها في كل ليلة سكانُ هذه المملكة، ولماذا تُصَبُّ تلك المدافعُ النُّحَاسيةُ كلَّ يوم، وتُجلبُ الذخائرُ الحربيةُ من الخارج، ولماذا يكلَّف النجارون بصنع المراكب، ذلك العَنَت الذي لم يَدَعْ فرقا بين «الأحد» وسائرِ الأسبوع ما تُرى هنالك من الشؤون التي يُسْتَنْزَفُ دونها عَرَقُ الجِباهِ بمثل هذه السرعـة، وتُناط من أجلها بالعملِ المكررِ أنوارُ البُكرات بظلُمات العَشِيِّ. أيقدرُ أحدٌ على مُكَاشَفَتي بهذا السر؟

هوراشيو: أقدِرُ على ذلك إن صَدَقَتِ الإشاعات. إن ملكَنَا السابقَ الذي بدا لنا مثالُهُ الآن كان كما علمت قد دُعيَ إلى المبارزة. دعاه فورتنبراس النرويجي مُتحدياً إياه عن غَيرةٍ وكبرياء. فلما التقيا لم يلبثْ ملكنا السابق هامْلِت (هكذا كان اسمه في العالم المعروف يومئذ) أن ظَهَرَ عليه فقتله، فراح فورتنبراس بموجب ذلك العَقْدِ المحرَّرِ بين المتنازلين وَفقاً للقوانين، وللعلم، مهدورَ الدم خارجاً عن جميع أملاكه، كما أن مليكنا من جهته كان قد عاهد بموجب ذلك الاتفاق المسجل على أن يترك لفورتنبراس- لو بقي هو الفائز- ما يعادل أملاك خَصْمه. والآن

يا صديقي قد قام نجل فورتنبراس وهو في مُقْتَبَل الشباب، وملء حماسَةً وغروراً، فجمع من تخوم النرويج جيشاً من الأفاقين الشُّراد، يكفُلُهم طعاماً وملبساً، مُزمِعاً أن يَخوضَ بهم غماراً كريهة، فيها الظفرُ معقودٌ بالشجاعةِ، وما تلك الكريهة (فيما تعتقده حكومتنا) سوى عَزْم ذلك الفتى على أن يستعيد بالسلاح، والإكراه، ما فقده أبوه من الأملاك. وذلك فيما أظن مبعثُ تلك الأُهُب، وسببُ ما نقوم به من العَسَس، وما يذهب ويجيءُ من البُرُدِ العَاجِلَة في كل مذْهَبٍ ومجيءٍ من البلاد.

**برناردو:** يدور في خَلَدي أن العلة هي ما ذكرت، ولا سيما وأنَّ تلك الأمور تتوافقُ مع الهيئة الغريبة، التي يظهر بها ذلك الخيالُ جائساً خِلال المدينة، مُدَجَّجاً بسلاحه، شبيهاً كلَّ الشَّبَهِ بالملك الفقيد، الذي كان السبب في شُبُوبِ هذه الحروب.

**هوراشيو:** إنَّ الذَّرةَ من العِثْيَرِ تقع في عين العقل فتُقلْقِلها، وتُزْعِجها، حينما كانت روما في بَسْطةِ دولتها، وأَوْجِ صولتها، وذلك قبيل أن يسقط يوليوس قيصر من سماء جبروته، خلت القُبُورُ من سُكانها، وتَمشَّي موتاها في أكْفانِهم، يصخْبُون، ويئنُّون خلال الطرُقَات بـ روما، وقد شوهدت نجومٌ بأذناب نارية، وأنداء تَقْطُرُ دماً، وانشَقَّتِ الشمس، وخُسِفَ سلطانُ الليل، كأن اليومَ يومُ النشور، تلك الآيات التي هي نُذُر الكوارثِ الكبرى، وطلائعُ المقادير المُجْتاحة، ومُقَدَّمَاتُ الخطوب التي سيلقيها الدهر، قد أتتْ بأنبائها السماء والأرض في إقليمنا، وأَرَتها مواطنينا، إيذاناً بالويل والثُّبور، ولكن صهٍ، صهِ. انظر. ها هو قد عاد ثانية (يدخل الشبح) سأتعرض له ولو مَحَقَني، وَقْفَةً أيها الوهم، إن تكن

ذا صوتٍ أو لفظٍ تنطق به. تكلم وإن لم تكن على علم بشيء قى إتمامه رَاحَةٌ لك، أو رحمةٌ لي، تكلم، (يرتفع صياح الديك) وإن تكن مستطلعاً طِلَع الغيب، عارفاً بما يكنُّه لوطنك من خيرٍ فاستنزله، أو شرٍّ فادفعه بما سبق إليه العلم. ويك! تكلم، إن تكن في حياتك قد خبَأْتَ كنزاً سُحْتاً، ويقولون: إن المال الحرام يُقلقُ أرواحَ الموتى فتهبُّ من مراقِدِها هائمةً، تكلم. قف وتكلم. اعترضه يا مرسلُس.

مرسلُس: أأضربه بسيفي؟

هوراشيو: افعل إذا أبَى الوقوف.

برناردو: ها هو.

هوراشيو: ها هو.

مرسلُس: لقد توارى (يتوارى الطيف) أخطأنا إليه وهو على تلك الجلالة بمظاهرات العنف والإكراه. إنه غيرُ ملموس كالهواء، ولو مددْنا إليه بسوء أيْدينَا لعادت ضرباتُنا التي لا تُصيبُ إلَّا الفراغ من السخريات الباردة.

برناردو: كان موشكاً أن يتكلم حين صاح الديك.

هوراشيو: عندئذ وَجَفَ كوجيف المجرم، إذا أخذته صيحة شديدة، فيتوارى. طرَقَ سمعي قديماً أن الديك وهو صدَّاح الصباح، يوقظ بصوته الحاد الرنان ربَّة النهار، وأن الأرواح الهائمة، أفي الماء كانت، أم في النار، متى سمعت صياحَه نَفَرت سِراعاً، عائدةً إلى محابِسِهَا، وليس ما رأيناه الساعة إلا مصداقاً لذلك الزعم.

مرسلُس: نعم. أجل لقد تلاشى مع صياح الديك.

هوارشيو: نعم. قد سمعت هذا، وإني أُؤمِنُ ببعضه. ولكن انظر إلى الصباح وقد توشَّح بوشاحِهِ الأحمر، وتقدم بين قِطَارِ الندى على ذلك اليَفَاعِ البادِي من الشرق. لننصرفْ من حراستنا، ولعلك توافقني على المسير إلى هامْلِت الصغير فنخبِرهُ بما شاهدناه الليلة. فلعمري إن الشبح الذي أبى مخاطبتنا، لن يأبى مخاطبته، ألا تريان أنه يَحْسُنُ بنا إبلاغُهُ الأمر فإن ذلك يُرضي مودَّتَنَا له، ولا يخالفُ واجبنا؟

برناردو: لِنَفْعَلْ بإذن منكما، واعلم أين يتاح لنا لقاؤه، في فرصة سانحة منذ الآن.

# المشهد الثاني

## مزارة في القصر


(يدخل الملك، هامْلِت، بولونيوس، لايرتس، فولتيمان، كورنيليوس، سادة وحشم يدخلون)


**الملك:** نعم، إن ذكرى وفاة شقيقنا الملك السابق هامْلِت لا تزال متقدة الجَذْوة في صدورنا، فجدير بنا أن ندع قلوبنا مسترسلةً في حزنها الأليم، بل خليق بالأمة جمعاءَ، أن تكون ذات جبين واحد، بادٍ عليه تقطيبُ الأسف، غير أنَّ العقل قد غالب الطبيعة فَلَطَّفَ من شجاها، وأجاز لنا خلال اشتغالنا بالأسى عليه، أن نفكر قليلاً في شأننا، فمن ذلك: أننا اخترنا هذه السيدة التي هي أختنا بالأمس حليلة لنا اليوم، وشريكةً في السلطان على هذه المملكة، المتعددة الأقطار، الباسلة الشعوب، مُخَالِسينَ الفرح من جانب التَّرَح، بعين تدمع سخينة، وعين تدمع بجانبها قريرة. مازجينَ المَسَرات بالأحزان، والأعراسَ بالمَآتم، معايرين بمعيار متعادل، كَآبَتَنَا وابتهاجَنا. أمَّا بعد، فالأمر الذي جمعتكم من أجله هو ما علمتم من أمر فورتنبراس فإن هذا الفتى لم يقدُرْ كفايتنا قدرَهَا، ولعله توهم أن

وفاة أخينا المحبوب قد ضعضعت هذا الملك، وقَوَّضَتْ فيه كل نظام، فاتخذ من وهمه حليفاً لا حليف له سواه، وبعث إلينا ببلاغ مهين، يسترد به الأملاكَ التي فقدها أبوه، والتي كسبها أخونا الشجاع محللة بأمتن المحللات المشروعة، إلَّا أننا قد أطَلْنا الكلام في شأنه، فلنذكر ما دعانا لعقد هذا الاجتماع. ذلك أننا كتبنا إلى ملك النرويج عم فورتنبراس، ولما كنا على ثقة بأن ذلك الملك الذي بلغ من العمر عِتِياً، وأصبح مُقْعَداً لا يُفارق الفراش، لم يعلم بما أزمعه ابن أخيه، وبما هو شارعٌ فيه بين أبناء النرويج من اتخاذ الأهبة، وتجهيز الجيوش، بدا لنا أن نقفه على ماهو جارٍ بين رعاياه، وأن نوفدك يا كورنيليوس المقدام، ونوفد معك فولتيمان هذا لتحملا سلامنا إلى ذلك الملك الشيخ، غيرَ مجيزين لكما الخروج عن الحدود المبينة لكما في هذه الكلمات، فسلام عليكما ولْيَدُلُّنا إسراعُكما على اهتمامكما بامتثال أمرنا.

كورنيليوس وفولتيمان: في هذا الشأن وفي كل شأن سواه إنا لمخلصان.

الملك: لا يُخامرنا ريب فيكما، فتوجها بسلام، وبرضاً منا. (يخرجان) والآن يا لايرتس ما جدَّ لديك، أنت لا تلتمس من لدن ملك الدانمارك إلَّا ما يكون معقولاً، ولا تضيع فيه الأقوال سُدَّى، فأيّما سُؤلٍ كان لك فإنه لعرض منا عليك، لا طلبٌ مرفوع منك إلينا، ليس الرأس أشدَّ ارتباطاً بالقلب من «أبيك» بعرش الدانمارك، ولا الذراعُ بأَخْدَمَ للشفة الآمرة من أبيك لصاحب هذا العرش، فما بُغْيتك يا لايرتس؟

لايرتس: يا مولاي المهيب، ألتمس إذناً بالرجوع إلى فرنسا فقد فارقتها مسرعاً لأداء واجب التهنئة بارتقائك كرسي الملك، والآن قد شاقني

العودُ إليها، فأنا جاثٍ بين يدي كرمك للترخص في السفر.

**الملك**: أفاستأذنت أباك. ما يقول بولونيوس؟

**بولونيوس**: قد ألح بالاستئذان يا مولاي. وألحف، وما زال بي حتى أَذِنْته بكل إبطاء، فأضرع أن تمنحه الإجازة بالسفر.

**الملك**: تخير الساعة التي فيها رضاك، فإن وقتك منذ الآن لك، وأمانينا الطيبة تصحبك، والآن أي هامْلِت أي ابن أخي بل ابني.

**هامْلِت (منفرداً)**: شيئاً أكثر من ابن الأخ، وشيئاً أقل من الابن.

**الملك**: من أين يتأتَّى أن سماءَك لا تزال عابسة الغيوم؟

**هامْلِت**: عفواً مولاي، إنْ أنا إلا في الشمس الساطعة.

**الملكة**: حبيبي هامْلِت، دع هذه الألوان العاتمة، القاتمة، واتجه بنظر الوداد إلى ملك الدانمارك. لا تلبث آخر الدهر مُنْطَبِقَ الحاجب على الحاجب، باحثاً في الثرى عن أبيك النبيل، أنت تدري أن الموت نهايةُ كل حي، وأن الدنيا إنما هي مجاز إلى الخلود.

**هامْلِت**: أجَلْ يا سيدتي. الموت نهاية كل حي.

**الملكة**: إن كان الأمر كذلك فَلِمَ تَخَالُهُ غريباً؟

**هامْلِت**: أخاله؟ كلا يا سيدتي، ليس الأمر غريباً بالمخيِّلة، ولكن بالواقع، وما من معرفة بيني وبين المخيِّلة، يا أيتها الأم الشفيقة، ليس دثاري الأسوَدُ كالمداد، ولا سائرُ ما يعتد من آلات الحداد، ولا التصعيدُ أو التصويبُ للزفرات، ولا شحوبُ الوجه واكفهراره من الحسرات،

ولا انهمالُ المدامع بمثل فيض المنابع، ولا علائمُ الحزن كافة، أو ضروبُه قاطبة، أو شكولُهُ جميعاً بوافيةٍ في الشهادة لي بصدق حزني، أو بكافيةٍ في الدَّلالة على فَرْط شَجَني، ذلك مما يَصِحُّ أن تقال فيه لفظة «يُخال» ولكن في هذا الداخل من اللاعِج والضَّرَام، ما لا تستطيع بيانَه المظاهر.

الملك: إن في اشتداد جزعكَ لدليلاً على جودة عنصرك يا هامْلِت، ولكن أباك فَقَدَ أباه من قبل، كما أن جدك فَقَدَ كذلك جده، وهذه سُنَّةُ الله فالتَّشَدُّدُ في الحزن والإصرارُ على استمراره إلى ما وراء الزمن الجائز، أشبهُ بالثورة في وجه القدر، والمعصيةِ لأمر الله، وإنك لأقربُ الناس إلينا، وأحبُّهم لدينا فليعلم ذلك الناس وليكن لك فيه سلوان، ثم إنا لنرغب إليك في العدول عن العودة إلى مدارس ويتنبرج، بل نضرع إليك أن تبقى بيننا قُرَّةً لأعيننا.

الملكة: لعلك لا تُخَيِّب رجاء أمك، وابتهالَها إليك: أن تقيم معنا وتَصدِف عن الدراسة في ويتنبرج.

هامْلِت: سأطيعك يا سيدتي بما في وسعي.

الملك: حسن. هذا جواب حُنُوٍّ وكِياسة، ليكن مُقامك في الدانمارك كمُقامنا بلا مِراء. هلمي يا سيدتي. إن هذه الرقة من هامْلِت قد ولجت قلبي باسمةً، ومن أجلها سأشرب كؤوساً اليوم. على قصف المدافع، حتى تتجاوبَ السماوات برجع الأصوات الصاعدة إليها من الأرَضِين. هلمي.

(يخرج الجميع ما عدا هامْلِت)

**هامْلِت:** أوّه، ليت هذا الجُثمان، وما أصلَبَهُ على الرزايا والكوارث، ليته يذوب، ويسيل، وينحلُّ إلى ندى، بل ليت باريَ الإنسان لم يُحَرِّمْ عليه قتلَ نفسه. أي إلهي. أي إلهي. ما أثقل جميع مصطلحات هذا العالم، وما أسفلَها، وما أقدمَها، وما أقلَّها جدوى. قبحاً لهذه الدنيا وتباً لها، إنها لحديقة غيرُ مهذبة، ينمو فيها النبات فِطْرياً، وتستولي عليه الأعشاب السَّمِجَة، أإلى هذا الحد وصلت الأمور؟ مات منذ شهرين أو أقل، وأي ملك! جواد لا يدانيه هذا إلا دانى الهرُّ الأسد، وما كان أَرَقَّهُ لوالدتي، وأعطَفَه يا لَلسماء! يالَلأرض! بئست الذكرى، إذا تذكرت كان يعلَقُ بها علاقة من لا يَزيدُهُ تمثيل الطعام سوى تمادٍ في الغرام، وهذا ما انتهى إليه وفاؤه في شهر، لندع التفكير في ذلك، يا سرعَةَ التحول! لو سُمِّيتِ لسُميتِ امرأة. في شهر قصير قبل أن يُعتَق الحذاء الذي مشت به وراء الجِنازة باكية، وأي بكاء غزير! يا عجبا! أتلك هي هذه؟ تالله لو أصيب وحشٌ ضارٍ لم يوهب أدنى تعقل بما أصابها لكان إعوالُه أطول مدًى من إعوالها، تزوجت من عمي وأين هو من أبي؟ أين «هرقل» القدير من ضعيفٍ مثلي؟ تزوجت ولم ينقضِ الشهر، ولم تَنْصُلْ حمرةُ جُفُونِهَا من مِلْح دموعها. ويْلَها من عجلة عَجِلَتها إلى مهد الحرام، ساءَ ما عَمِلَتْ وساءت عقباه، ولكن تَفَطَّرْ يا قلب، ولا تنطق يا لسان.

(يدخل هوراشيو. ومرسلُس. وبرناردو)

**هوراشيو:** التَّجِلة لسمّوِّكم.

**هامْلِت:** يسرني أن أراكم في عافية، أما أنت يا هوراشيو؟

هوراشيو: أنا هو يا مولاي. وإني لخادمك الأمين أَبَدَ الدهر.

هاملِت: قل يا... أَعْفِني من قول يا سيدي، ولأَدْعُكَ بيا صديقي. ماذا جاء بك وبمرسلُس

مرسلُس: يا مولاي الجواد.

هاملِت: أنا مبتهج برؤيتك، مُسِّيت بخير يا سيدي، ولكن ماذا حملكما على ترك ويتنبرج؟

هوراشيو: فطرَةُ البداوة يا مولاي الكريم.

هاملِت: لا أجيز لألد أعدائك أن يتكلم عنك هكذا، فلا تحمل أدنى وِقْرِ هذه الشهادة منك فيك، أنا أعرف أنك لست شَرُوداً، ولا أفَّاقياً، فما الذي أتى بك إلى «إلْسنُور»؟ سنعلمك الشرب بالأكواب المترعة قبل أن تفارقنا.

هوراشيو: كان قدومي لأحضر مشهد أبيك.

هاملِت: أرجو يا رفيق ألا تهزأ مني، أحسبك قدمت لتحضر زفاف أمي.

هوراشيو: حقاً يا مولاي إن العرس والمأتم قد تعاقبا عن كَثَب.

هاملِت: حكمة واقتصاد. يا هوراشيو، محض اقتصاد. اللحوم التي قُدِّمَتْ حنيذَةً في المناحة، قُدمت باردةً في الفرح، ليتني لقيت في المساء أعْدَى أعْدائي، ولم أرَ ذلك اليوم يا هوراشيو. أبي. كأنني أرى أبي.

هوراشيو: أين يا مولاي؟

هاملِت: بعينَيْ قلبي يا هوراشيو.

هوراشيو: رأيته قديماً وكان هو الكمالَ بعينه.

هامْلِت: كان رجلاً لن أرى له مثيلاً.

هوراشيو: مولاي كأنني رأيته في الليلة البارحة.

هامْلِت: رأيت من؟

هوراشيو: أباك يا مولاي.

هامْلِت: الملك أبي.

هوراشيو: هَدِّئْ من رَوعِك ريثما أقص عليك الأعجوبة، التي شهدها هذان السيدان، وشهدتها معهما الليلة.

هامْلِت: ناشدتك الله تكلَّم.

هوراشيو: توالت ليلتان على هذين السيدين، مرسلُس وبرناردو، كانا فيهما يسهران للعَسَسِ، ورأيا في الساعة الهادئةِ الهامدةِ، ساعة انتصاف الليل، ما ستسمعه: رأيا مثالاً شبيهاً بأبيك في شِكَّةٍ تامةٍ من السلاح، ماشياً مِشيةَ وقارٍ، ماراً بهما على مَهَلٍ. ثلاث مرار خطر إزاءهما قيدَ هذه العصا، وجُفُونُهُمَا معقودةٌ من الرعب، فكأنَّ جسميهما قد تحولا إلى شحم مذابٍ من الخوف، وقد لبثا صامتيْن لا ينطقان، ثم كاشفاني بهذا السر الرهيب، فتوليت الحراسة معهما في الليلةِ الثالثة، وهناك رأيت مِصْدَاقَ ما وصفاه لي، ظهر الطيفُ في الميقاتِ الذي عَيَّنَاه بالهيئةِ التي مَثَّلاها، فعرفتُ أباك وما يدي أشبهُ بيدي من ذلك الطيفِ به.

هامْلِت: أين، أين جرى ذلك؟

مرسلُس: في هذا الموقف الذي نتولى منه الحراسة.

هامْلِت: ألم تخاطباه؟

هوراشيو: خاطبته يا مولاي فلم يُجبْ، غير أنه رفع رأسه مرة وبَدَأ يتحرك كأنه سيتكلم. فما هي إلا اللحظة التي بدا منه هذا العزم حتى صاحَ ديك الصباح صَيْحَةً عاليةً فاهتز لها، وتَوارى على إثرها.

هامْلِت: عجبٌ عجاب.

هوراشيو: وحق كحقيقة وجودي، فلهذا اعتقدنا أن الواجب يقضي علينا باطلاعك على ما كان.

هامْلِت: إني لمضطرب أيها السيدان، أفأنتما في العَسَسِ الليلة؟

برناردو ومرسلُس: أجل يا مولانا.

هامْلِت: في شِكَّةٍ تامة من السلاح قلتما؟

برناردو ومرسلُس: نعم.

هامْلِت: إذن لما تريا وجهه.

هوراشيو: بل رأيناه؛ لأن الخُوذَةَ كانت مرفوعةً عن وجهه يا مولاي.

هامْلِت: أكان بادياً عليه الغضب؟

هوراشيو: كان ملمحه أدنى مَلْمَح الكآبة منه إلى الغضب.

هامْلِت: أبه اصفرار أم احمرار؟

هوراشيو: كان لونه أصفرَ شاحباً.

**هامْلِت**: وكان مُحَدِقاً بكما.

**هوراشيو**: تحديقاً. بلا تَحَوُّل.

**هامْلِت**: ليتني كنت معكم.

**هوراشيو**: لو كنت لَدَهِشْتَ شديداً.

**هامْلِت**: لا شك. لا شك. أأقامَ مديداً؟

**هوراشيو**: عِدَّة المائة ببعض التَّأَني.

**مرسلُس وبرناردو**: أو تزيد قليلاً.

**هامْلِت**: كانت لحيته مَوْخُوطَةً بالشيب.

**هوراشيو**: كما رأيتها وهو حي: لُحْمَةٌ من عنبر وَسَدَّى من فضة.

**هامْلِت**: سأسهر الليلة معكم لعله يجيء.

**هوراشيو**: سيعود وأنا الضمين.

**هامْلِت**: إذا لاحَ لي وعليه ملامحُ والدي العظيم، سأخاطبه ولو نَهَتْني جَهَنم عن أن أتكلم، أرجو منكم جميعاً إذا كنتم لم تُفْشوا سِرَّ هذه الرؤية أن تستمروا في الكتمان، ومهما يحدث في هذه الليلة، فَلْيجُل في أذهانكم، ولكن إياكم أن تُجرُوهُ على ألستكم، سأشكر لكم خلوص وُدِّكُمْ، وسلام عليكم. إلى الملتقى على الموقِفِ المرصوفِ بين الحادية عشرة ومنتصف الليل.

**كلهم**: التَّجِلَّةُ لسموكم.

هامْلِت: إنْ أُريد إلّا محبتكم كما منحتكم محبتي، أَستودعكم الله (يخرج مرسلُس وهوراشيو وبرناردو) روح أبي مُسَلَّحَةٌ بالسلاح التام، ليست الأمورُ جاريةً في أَعِنَّتَهَا، وإني لُمجسُّ كيداً خفياً، ما أبطأ الليلَ على الناظر، اهدأ يا رُوعي حتى يجيء الليل، واسكُني يا نفسي إن مساوىَ الأعمال لو دُفِنَتْ تحتَ طِبَاق الأرض، لَخَرَجتْ من مخابِئِها، وبرزت للعيون (يخرج).

# المشهد الثالث

## سكن في بيت بولونيوس


(يدخل لايرتس وأوفيليا)

لايرتس: قد جعلتُ أمتعتي في المركب، وبقي عليَّ أن أستودعك الله يا شقيقتي، وأن أوصِيكِ متى وجدتِ ريحاً موافقة أن تَبْعَثي إليَّ بِأنبائك.

أوفيليا: أترتاب في ذلك؟

لايرتس: أما هامْلِت فلا تحملي مطارحاتِه إلَّا على بَدَوَاتِ المِزاج، ومُدَاعبَاتِ الصبي، أما رأيت البَنَفْسَجَة. كيف تنمو، وكيف تَشِبُّ متى حَرَّكَها شبابُ الطبيعة، إنها لتترعرع وشيكةً، ولكنها سريعة الزوال، ثم إنها لتتضوعُ عبيراً، وتَجْمُلُ حِلْيَةً، ولكنها لا تمكُثُ في الأرض، وما العبيرُ الفائح والكلماتُ الغزليةُ سوى دقيقةٍ وتنقضي.

أوفيليا: عجباً. ألَا شيءَ سوى ما تقول؟

لايرتس: لا شيء أكثر مما أقول صدقيني. لعله يحبك كزعمه ولعله منزهُ الرغبة عن الرجس حتى الساعة، ولكنه يجب عليكِ أن تخْشَيْ عُلُوَّ قدرِه؛

لأن إرادتَه ليست مِلكاً له، بل هو أسيرُ مولده، ومحتدِهِ، فلا يستطيعُ التخيُّرَ لنفسه؛ لأن سلامة الملك مرتبطة بخيرته، وَخِيرَته ينبغي أن يقرها الجسم الذي هو رأسه، فاحذري يا أوفيليا أن تُطلقي لهواه العنان في فؤادك، وأن تُنوليه من ودك أكثر من أدب التحية، إنَّ العذراء الحريصةَ على عرضها لَتُسْرِفُ في الجواد به إذا سمحت للقمر بمطالعة جمالها، والفضيلة أبينُ ما تكون لا تنجو من سهام النميمة، أغلب ما يقرض الدودُ مواليدَ الربيع قبل أن تنعقدَ براعمُها، وإنَّ أشدَّ الأنفاس عَدْوى وخَطَراً لأنفاس النَّسَمات النِدِيةِ في بُكْرَةِ الشباب، فكوني على حَذَرٍ، وأكثر ما تكون النجاةُ فبالخوف والاجتناب.

أوفيليا: سأحفظ هذه العظة، وأُنزلها من ضميري منزلةَ الخفير الأمين، لكنني أرجو لك ألَّا تكون كبعض أولئك النُّصَّاح الذين يَدُلُّون غيرَهم على الطريق الوَعْرَة التي يُفضِي منها إلى الجنة، وأما هم فَيَضلونَ عنها، وينطلقُون مع أهوائهم.

لايرتس: لا تخشي عليَّ بأساً. لقد طال وقوفي. هذا أبي قادم (يدخل بولونيوس) سأغنم فرصة إبطائي لأفوزَ بوداعٍ ثانٍ وبَرَكةٍ مجددة.

بولونيوس: أما زلت ها هنا يا لايرتس؟ الريحُ تضرب في ظهر شراعك لتدفعه إلى الأمام. وأنت متأخر في هذا الكلام، سِرْ تصحبُكَ بركتي (يضع يده على رأسه).

لايرتس: أَسْتَأْذِنُ مولاي ووالدي في خضوع واحتشام.

بولونيوس: الساعة تدعوك، وَحَشَمُك في انتظارك، سِرْ مُوفَّقاً

لايرتس: أستودعكِ الله يا أوفيليا، لا تَنْسِي وصيتي.

أوفيليا: لقد صُنْتُها في ذاكرتي، وبيدك مفتاحُ الصِّوَان.

لايرتس: أستودعكما الله.

أوفيليا وبولونيوس: على الطائر الميمون.

(يخرج)

بولونيوس: ماذا قال لكِ يا أوفيليا.

أوفيليا: قال لي شيئاً عن هامْلِت.

بولونيوس: يقيناً إنه أصاب، ولقد قيل لي إن هامْلِت يمنحك طويلاً من وقت فراغهِ، وإنكِ أسرفتِ في الإذن له بالزيارة (على ما أبلغتني العيون التي ترصدك حذراً عليكِ) أنْتِ لا تدركين إلى الآن حَقَّ الإدراك، ما يجب عليكِ لنفسك باعتبار أنكِ ابنتي، وما يَجب عليكِ لكرامتي، كاشفيني بما بينك وبينه، واصْدُقيني.

أوفيليا: لقد أكثر لي من أحاديث وداده في هذه الأيام.

بولونيوس: وداده! تتكلمين عن هذا الوداد تكلُّمَ الفتاة الغِرَّة، أفظننتِ خيراً بتلك الأقاويل؟

أوفيليا: لا أعلم يا مولاي ما ينبغي أن أظن.

بولونيوس: ألا فاعلمي أنكِ طفلة، وأنكِ وجدتِ الزائفَ من النقد فحسِبْتِهِ صحيحاً، أعْلِي قدرَ نفسِك عن هذه الدرجة، وإلا عددتك على

الكره مني حمقاء.

**أوفيليا:** إنه ملأ مسمعي بشُجُون غرامه ولكن بأدبٍ وحشمة.

**بولونيوس:** أجل بأدبٍ وحشمة. هكذا يسميان.

**أوفيليا:** وكان يُؤكِّد كلَّ قولٍ يقولُهُ بيمين مُحْرَجَة.

**بولونيوس:** آها. إنْ تلكَ الأيمان إلا أشراك تُصاد بها دَجَاجات الماء، أعرف الأقسام الكثيرة التي يُمليها القلبُ على اللسان، متى أوحاها الدمُ الثائرُ، غير أنها يا بنيتي إيماضاتُ برقٍ تضيء، ولا تُدفئ. ثم ينطفئ نورُها، وتَخْمدُ على الأثر، فلا تصطلي على تلك النار، اعزمي منذ الساعة على الضَّنانة بمحاضرتك نَفَاسةً بشرف عرضك، ولا تنظري إلى السيد هامْلِت سوى نظرك إلى شاب يجوز له من التَّمادي ما لا يجوز لكِ، فلا تُصَدِّقي أيمانه؛ لأن على ظواهرها من الزينة ما ليس في بواطنها؛ ولأنها أشبهُ بوُسَطَاءِ السَّوْءِ، الذين لا يبدو منهم للعين إلا التَّقى والصلاح. ومحصلُ الكلام: لا أريدُ بعد الآن أن تستخدمي وقتكِ بمصاحبة السيد هامْلِت. أو بالإصغاء إلى مواعيده، فحذارِ ذلك. أتسمعين؟ حذارِ، وانصرفي إلى شأنكِ.

**أوفيليا:** سمعاً وطوعاً يا مولاي.

(يخرجان)

# المشهد الرابع

## هامْلِت، ثم يدخل هوراشيو ومرسلُس

هامْلِت: الهواء لذَّاعٌ من البرد.

هوراشيو: أجده قارساً عَضُوضاً.

هامْلِت: ما الساعة الآن؟

هوراشيو: ساعة انتصاف الليل في ظني.

مرسلُس: قد سمعت الواقتة ومال الليل.

هوراشيو: لم أسمعها أنا، وإذن هذا موعدُ الطَّيف (يسمع معزف من القصر وقصف مدافع) ما معنى هذا يا مولاي؟

هامْلِت: الملك في مجلس شرابه، فمتى ثَمِلَ عَرْبَدَ، ومتى ازداد نَشْوَةً رقص متهتكاً مُتَدَاعِيـاً من جانبيه، وكلما ابتلع نَخْباً من شراب الرين في صحة أحـدٍ، طَفِقَ الـدُّفُّ والمِزمَارُ يَهِرَّانِ، وينبَحـان اشتراكاً في النخب مع الملك.

هوراشيو: أعادةٌ هذه؟

**هامْلِت:** عادة ويا للأسف! وما من شيء يُعَاب على هذا البلد أكثر من هذه الخَلَّةِ، خلَّةِ التعاطي والإدمان، فإنها تُوقِرُ الرؤوس، وتجعلنا عِبرةَ المعتبرين، شرقاً وغرباً، بل تجلب لنا استهزاءَ الناس، وتُمَثِّلُنَا لديهم كالحيوانات المنغمسةِ في حَمْأَتِهَا، ومهما يكن من شرفِ عنصرنا، فإن امتزاجَهُ بهذه العادَةِ لكامتزاجِ النُّطفَةِ القذرة بالمعدنِ النفيس، فإن قيمتَهُ تنحط بانحطاطِها، والاحتقار الذي كان خصيصاً بها يشمَلُهُ بسببها.

**هوراشيو:** انظر يا مولاي، ها هو.

(يدخل الطيف)

**هامْلِت:** يا ملائكة الرحمة لطفاً بنا. إن تكن روحاً ميموناً، أو روحاً هالكاً ملعوناً، آتياً بنفحة من النعيم، أو بلَفْحَةٍ من الجحيم، بالشر نذيراً، أو بالخير بشيراً، إن مثالك ليحتم عليَّ أن أخاطبك، أناديك يا هامْلِت، يا ملكي، يا أبتي، يا صاحب الدانمارك فأَجبني، لا تذَرْني في جهلي، أفنَى زَفَراتٍ وحَسَرات، لماذا بَرَزَتْ من كفنِهَا عِظامُك التي طهرت، وحجبها الموت؟ لماذا فتح الضريح- الذي رأيناك مُغَيَّباً فيه- أنيابُهُ الرخامية الثقيلة، وألقى بك إلى الخارج؟ ما معنى هذا؟ نهوضك وأنت جسم هامد، مرتدياً شِكَّتَكَ الكاملة، وعَوْدُك إلى حيث ترى ضوء القمر، وتَزِيد الليل وحشة ورَهباً، ثم وقوفُنا منك بأفكارنا المضطربة، على ما بَدَا بنا من ضعف موقف الارتعاد الذي يزعزع أركان الجسوم، ويجاوزُ طاقةَ النفوسِ، قل ما وراءك؟ لِمَ هذا؟ ما ينبغي أن تعمل؟

(يشير الشبح إلى هامْلِت ويدعوه)

هـوراشـيو: يشير إليـك أن تنحو نحوه كأنه يروم الإفضاء إليك بأمرٍ على حدة.

مرسلُس: انظر بأيةِ إشارة لطيفة يومئ إليك بأن تتبعَه إلى مكان منعزل ولكن لا تفعل.

هوراشيو: يقيناً لا ومهما يكن الباعث.

هامْلِت: يأبَى التكلم هاهنا فحتمٌ أن أَتْبَعَه.

هوراشيو: إياك إياك يا مولاي.

هامْلِت: سألَحق به، وما أُثَمَّنُ حياتي إلا بثمن إبرة، أمَّا نفسي الخالدة فلا يمْلِكُ لها نفعاً ولا ضراً. يومئ إليَّ، سأتبعه.

هوراشيو: عجباً عجباً. أتتبعه يا مولاي؟ وقد يستدرجك إلى مُضْطرب ذاك اللُّج العميق، أو مهبط ذلك الجبل الشاهق المطل على البحر، ثم يتخذ شكَلاً يُفْقِدُكَ الرشد فتسقط في الْيَمِّ، على أن مثل هذا الموضع الباذخ ربما حمل المرءَ على القذفِ بنفسه، متى نَظَرَ من حالِق، فوجد بينه وبين البحر مَهْواةً بعيدةَ، وسمع الأمواج تُزَمْجِرُ تحت قدمَيه.

هامْلِت: ما زال يدعوني بالإشارة. اسبق إني بك لاحق.

مرسلُس: لن تذهب يا مولاي.

هامْلِت: دعني.

هوراشيو: شاور هُداك ولا تذهب.

هامْلِت: القضاء يدعوني وقد جعل أصغر شُريان من شرايين هذا الجسم

أصلَب من عصب الأسدِ الضِّرغَام (يومئ الطيف) تالله يَفْتأُ يدعوني،
دعانِي يا سيديَّ (ينطلق منها) إن يعترضني أَحَدُكُما رددتُه خيالاً، بهذا
أمرت. لنذهب، هلم إني لك تابع.

(يتقدم نحوه متطرفاً قليلاً)

هوراشيو: لِنَرْقُبْ من هنا بحيث نرى ولا نسمع.

مرسلُس: أجل لنحرسه وليفعل الله ما يشاء.

# المشهد الخامس

## جزء آخر من الرصيف


(يدخل الطيف وهامْلِت)

هامْلِت (يستوقف الطيف مخاطباً): إلى أَين تمضي بي؟ تكلم. لن أسير إلى أبعد.

الطيف: أصغ إليّ.

هامْلِت: ناشدتك الله تكلم.

الطيف: قد دنت الساعة التي يجب عليَّ فيها أن أرجع إلى النيرانِ الملتهبة المليئة بالعذاب.

هامْلِت: ويحك من نفس.

الطيف: لا ترْثِ لي، بل استمع ما سأبوح به، وأَعِرْهُ جانب الاهتمام.

هامْلِت: تكلم إني لسميع.

الطيف: وإنك أيضاً لآخد بالثَّأر بعد أن تعلم.

هامْلِت: أيُّ ثأر؟

الطيف: أنا روح أبيك. قُضِي عليَّ أن أهيم في الليل، وأن أحوم في النهار، مصْطَلياً سعيرَ النار بما اجْتَرَحْتُ من الآثام، ريثما أتطهر من أدرانها. لو لم يكن محظوراً عليَّ أن أفْشي أسرارَ سجني لقصصت عليك ما يُضَعْضِعُ النفس، ويجمدُ الدم، ويخرجُ العينين من الوَقْبَين، ويشتتُ الضفائر، حتى لتقوم كلُّ شعرةٍ من شعرك على ساقها قيامَ الشوك، على جِلد القُنفذِ الخائف، لكن هذه الأسرار الخلودية لم تكن لِتُفْشى بِمَسْمَع من لحم ودم، فأنصت. لئن كنت صدقت يوماً بحبك لأبيك...

هامْلِت: بالله.

الطيف: انتقم له من قِتْلَةٍ شنيعةٍ قُتِلها.

هامْلِت: أمُتَّ قتيلاً؟

الطيف: قِتْلةٌ مُفَظَّعَةٌ تفظيعاً لم يسمع بمثلها الناس.

هامْلِت: عجِّل في إخباري لأطيرَ بأجنحة سريعة كخطراتِ الفكر، أو سَنَحَاتِ الآمالِ الغراميةِ، إلى انتقامي.

الطيف: أجدك متأهباً، ولو كنتَ أجمدَ من الكَلإِ الدسِم الذي يَتَعَفَّنُ متروكاً على ضِفافِ النهرِ المهجور لاستفزكَ ما ستسمعه من نبَئي، أنصت يا هامْلِت: زعموا أنَّ ثعباناً لدغني، إذ كنْتُ نائماً في بستاني، فخدعوا الأمة الدانماركية بما أذاعوه من الكذب، وما لدغني- ابن أرض، اعلم ذلك أيها الشاب النبيلُ- إلا ذلك الثعبان الذي يَتَقَلَّدُ الآن تاجي.

**هامْلِت:** لقد تَنَبَّأَتْ بذلك روحي... ويك عمي.

**الطيف:** أجل، ذلك الوحش الفاسقُ، تصيَّد ببوادِرِ فطنته، وبما أوتي من مواهب أُخر، بَئِست البوادرُ والمواهب، تصيَّدَ قلبَ مليكتي، وَأنزلها على حكم شَهوَتِهِ، مع ما كان يبدو عليها من الأمانة والعِفة، واولداه هامْلِت. كَبُرَ إثماً، وتمادَى انحطَاطاً، أَن تهبطَ تلك المرأةُ من كَوْنها حليلتي، وأنا ذلك الوفي الذي ارتهن كرامتَهُ على الدوام بالعهود التي عاهدها عليها- إلى كونها حليلةَ ذلك الخؤون، الذي ليست له فضائل تُذْكَرُ بجانب فضائلي. أجد نسيمَ الصباح، فلأقْل باختصار. إنني كنت نائماً في بستاني كعادتي بعد الظهر كل يوم، فانْدَسَّ عمك في خَلوَتي، ساعة أَمْني، وراحَتي، وبيده قارورة من ذلك العصير الملعون المعروفِ بـ «الجيكوَيام»، أَفرَغَ منها سُمَّاً زُعَافاً في أذني. ذلك عصير يُدْخِلُ الجذامَ إلى الجسم، ويفعل في المُهْجة من الفعل العدائي ما ليس يفعله ماءُ الفضة، فهو يجري في الجسم مُتَخَطِّياً كلَّ الحواجز الطبيعية، ويمتزجُ بالدم كامتزاج النُّطْفَةِ الحمضية في الحليب (اللبن)، فَيُرِيبُه، ويجمد في أَصَحِّ الناس أجساداً أنقاهم جِسَاداً، هكذا أحسست مجراه مني، وأثره في دمي، ثم بدت على بَشَرتي الناعمة ندوبٌ قَذِرَةٌ جافةٌ، أشبه بقشرة الشجر، فجعلتني كالعاذر وألبستني خِزياً وعاراً. ذلك ما أصابني في نومي بيد «أخي» فَحُرمت حياتي، وتاجي، ومليكتي، وقضيتُ نحبي، ولم أُمهلْ ريثما أراجع لُبِّي، على ما فَرَطَ من ذنبي، وأتوبُ إلى ربي، نهاية النهايات في الفظاعة. لئن تكنْ فيك بَقِيَّةٌ من سَلَامَةِ الفِطْرَةِ لا تتحملْ هذا. لا تدعْ مهد الدانمارك الملكي مهداً للشبَقِ، والخَنَا، وأيّاً يكن السبيلُ الذي تسلكه لهذا الانتقام

لا تلوِّث فكرك، ولا تَأْذَنْ في داخِلَتِكَ لأية سانحةٍ تَمَسُّ والدتَك، دع لله عقابَها، وللأَشْواكِ التي تنمو في صدرها، يأْلُوهَا وَخْزاً، وإيلاماً. أودعك لغير مآبٍ، قد أشارت نار الْحُبَاحِبِ بدُنُوِّ الصباح؛ لأن ضوءَها الذي جَدْوَى منه قد أخذ بالأصفرار. سلاماً. سلاماً. سلاماً وإيَّاي فاذكر.

(يخرج)

**هامْلِت**: يا جيوشَ السماء، يا أيتها الأرض، وماذا أُنادي بعد؟ أأناديك يا جَهَنم؟ رُوَيْدَك يا قلبي، رويدك، وأنتِ أيتُها الأعصاب لا تَشِيخي بغتةً... بل أسْعديني بكل ما فيكِ من القوى، أتُذَكِّرني إياك. أجل يا أيها الروح الحزين، ما دامت لي حافظة تحفظ في مركز هذه الْجُمْجُمَةِ المُتَضَعْضِعَة. أتُذَكِّرني إياك. أجل سأمحو من سِجِلِّ استظهاري كلَّ المعاهد التي كان حديث الضمير بها يُؤنسني، سأمحو كلَّ ما اقتبسته من حِكَم وأسفار، سأمحو كلَّ الصور والآثارِ التي أفادني إياها الشبابُ والاستقراءُ، ولن يبقى في كتاب عقلي كلمةٌ واحدة سوى وصيتك الشريفة. كذا وايْمُ الله. يا لَلْمرأة؛ ما أَفسدَ ما تكون المرأة! يا لَلْمُجْرم الأثيم ذي الوجه البسام! إِليَّ قرطاسي. سأنقُشُ فيه: إنَّ المرء يستطيعُ التبسمَ ما شاء التبسمُ، وهو مجرمٌ أثيم، يقين أن هذا الضرب من الرياء إن لم يُرَ في بلد، فهو يُرى في الدانمارك (يكتب): (كُتِبَ عليك ما كُتِبَ يا عمي، والآن ليكنْ شعاري «وداعاً، تذكرني، أقْسَمْتُ لآخُذَنَّ بالثَّأر»).

**مرسِلُس (من الخارج)**: مولاي مولاي.

**هوراشيو (مستشرفاً من الجانب الآخر)**: مولاي مولاي.

62

مرسلُس (من الخارج): مولاي هامْلِت.

هوراشيو (وراءه): حماه الله.

هامْلِت: آمين.

هوراشيو (من الخارج): أَيْنَ أنت يا مولاي؟

هامْلِت: مولاي. مولاي. تقدم أيها العصفور.

(يدخل هوراشيو ومرسلُس)

مرسلُس: أين أنت من رؤيتك يا مولاي؟

هوراشيو: ما النبأ؟

هامْلِت: عجيب.

هوراشيو: أتطلعنا عليه يا مولاي؟

هامْلِت: أخشى أن تبوحا به.

هوراشيو: أما أنا فلا وأُقْسِمُ برب العزة.

مرسلُس: وأما أنا فلا ولا يا مولاي.

هامْلِت: ألا يوجد في مكان من الدانمارك مجرم ما لم يكنْ خَدَّاعاً غُدَراً؟

هوراشيو: لا حاجةَ إلى طيف لِيَجِيئنا بهذا النبأ يا مولاي.

هامْلِت: صدقت. صدقت. وإذن أستصوب بلا تفصيل، ولا تَطْويل، أَنْ
نتصافَح ونتفارق، أنتما تذهبان إلى شؤونكما، ولكل شؤون. وأنا أغدو

للنظر في حسابي، ويا لهُ من حسابٍ أليم. لا تعجب، سَأَمْضي وأُصلِّي.

هوراشيو: هذه كلمات دُوارٍ، وتَشَتُّتِ بال.

هامْلِت: يسوؤني أنَّها لم تُرضِكما، يسوؤني جداً.

هوراشيو: ليس فيها ما يسُوء يا مولاي.

هامْلِت: بلى، وأحلف بالقديس بطرس. يوجد ما يسوء، ويجوز كلَّ مساءَة. أمَّا ذلك الطيف فهو طيفٌ أمين، بإذنكما أقول هذا، وأمَّا رغبتكما في معرفة ما جرى بيننا، فارغبا عنها إلى شيء سواها. والآن يا رفيقيَّ في السلاح، وفي الدرس، وصديقيَّ، لى عندكما رجاء. أُيُحَقَّقُ؟

هوراشيو: أياً يكن فإنا إليه لمجيبان.

هامْلِت: لا تذيعا ما حييتما خبر هذه الرؤية.

مرسلُس وهوراشيو: لن نذيعه يا مولانا.

هامْلِت: حسن، ولكن احلفا.

هوراشيو: وأيماني لن أبوح به يا مولاي.

مرسلُس: ولا أنا يا مولاي آلَيتُ بِذمَّتي.

هامْلِت: أقسما على سيفي.

مرسلُس: لقد أقسمنا يا مولاي.

هامْلِت: ولا بأس أن تحلفا على سيفي، لا بأس.

الطيف (من تحت الأرض): أقسما.

**هامْلِت:** آها. آها. يا والدي نحن على رأي واحد، أنت على مقْرُبَةٍ منا أيُّها البَضعَةُ الصالحة؟ سمعتما ذلك الرفيق يصرخُ من هناك في عمق الأرض، فأقسِما.

**هوراشيو:** قل صيغة القسم يا مولاي.

**هامْلِت:** لا تَنْبِسَا قَطُّ بكلمةٍ فيما رأيتماه هنا، احلفا على سيفي.

**الطيف (تحت الأرض):** أقسِما.

**هامْلِت:** كذا كذا. لِنُغَيِّر مكاننا، تعاليا وضعا يَدَيْكُما على سيفي هاهنا. احلفا بسيفي إنكما لن تفوها بلفظةٍ عما سمعتماه.

**الطيف (تحت الأرض):** أقسِما.

**هامْلِت:** أحسنتُ أيها الْخُفَّاشُ القديمُ، أَتَسْتطيعُ الْجَوَازَ بِهَذه السُّرعَةِ في باطن الأرض؟ نِعمَ الْمُعدِّن أنت، هلم بنا إلى مكان آخر أيُّها الصديقان.

**هوراشيو:** آليتُ بالليل والنهار إنه لعجب عجاب!

**هامْلِت:** يوجد يا هوراشيو في السماء والأرض أكثرُ مما يصل إليه عِلمُ أولي العلم. أقبلا، واحلفا إنكما لا تذكران هذه الليلة بشيء، وإن ترياني غَيَّرْتُ من أزيائي أو بَدَّلْت من عاداتي، أو أغْربْتُ في أقْوالي، أو أفْعَالي. لن تُبْدِيَا ما يشعر بأنكُما فاهِمَانِ لذلك سراً، أو مُدْرِكانِ في الْخَفَاءِ أمراً، ولتكن رحمة الله عوناً لكما.

**الطيف (تحت الأرض):** أقسِما.

**هامْلِت:** سكوناً. سكوناً أيتهَا النفسُ المقلقة (يحلفان). على هذا أيها

السيدان إنني أستشفع إليكما بكل ما أَعْتَدُّهُ من المودة لديكما، ومهما يستطيع رجلٌ مِسْكينٌ كهامْلِت – ليثبتَ لكما بعد ذلك معرفته للجميل – فَلَنْ يُخْطِئَكُما شكرُهُ بإذن الله. لننصرف جميعاً، ولكن أبداً أصابعنَا على شفاهنا هكذا، أرجو ذلك منكما، إن الزمن لفي اعتلالٍ واختلال. ومن نَكَدِ طالِعِي أن أكونَ أنا المنوط به علاجُهُ، والعَوْدُ به إلى النظام، هيا بنا.

(يخرجون)

# الفصل الثاني

## المشهد الأول

**الملك** (مخاطباً بولونيوس): ائذن بادِئَ ذي بَدْءٍ للسفيرين العائدين من النرويج وتولَّ بنفسك إِكْرَامَهُمَا. (يخرج بولونيوس) يقول لي يا حبيبتي جرترود إنَّه عَرَفَ السِّرَّ فيما جرى لابننا هامْلِت.

**الملكة**: أنا لا أكادُ أرتاب في أن سبب اعتلالِهِ موتُ أبيه واقتراننا على الأثر.

**الملك**: سنستطلع طِلْعَه (يدخل بولونيوس وبصحبته فولتيمان وكورنيليوس)... مرحباً بكما أيها الصديقان. أخبرني يا فولتيمان، ما أَنْبَاءُ أَخِينَا النرويجي؟

**فولتيمان**: يهدي إليك التحيات ويُخْلِصُ لك الدعوات، ثم إنه لم يكدْ يعلم بما قَدِمْنَا من أجله حتى أمرَ ابنَ أخيهِ بالكفِّ عن ذلك التَّأَهُّبِ الذي كان موجهاً إِلينا، فيما ثَبَتَ لديه، ثم وَبَّخَهُ على ما فَرَطَ منه، واستحلفه ألا يعود إلى شهر سلاحه على جلالتك، فلما امتثل رضي عنه، وأجرى

عليه رَاتِباً سنوياً يبلغ ثلاث آلاف دوقي، على سبيل العِوَضِ عن أملاكه، وأَذِنَهُ أَن يُسيِّر جيشه، الذي عُبِّء لمقاتلة البولونيين. وهذا التماس (يدفع إليه قرطاساً) من فورتنبراس في التماس الإذن بإمرار جيشِهِ في هذا البَلَدِ على الشرائط التي تَفْضي جلالتُكَ بها تأميناً وتَضميناً.

الملك: هذا يوافقُ مصلحتنا، وسنقرأ هذا الكتاب، ونُبْدي فيه الرأي، وإنا لَنَشْكُرُ لكما أيُّها السفيران ما أَحْسَنْتُما من الخِدْمَة، وسندعوكما إلى وليمةٍ نشرَبُ فيها نخبَكُما.

(يخرج فولتيمان وكورنيليوس)

بولونيوس: هذه مسألةٌ حَسُنَ خِتامُهَا.

الملك: بقيت الثانية.

بولونيوس: مسألة هاملِت وعندي سرُّها.

الملك: دع كلامك إلى النهاية. وأنتما أيُّها الصديقان روزنكرنس وجيلد تشترن ماذا تبينتما من أمر هاملِت؟ لعله أَفْضَى إليكما بسره على أنَّكُما صديقاهُ الحميمان، منذ أيَّام الدراسة الأولى.

روزنكرنس: حاولنا أَنْ نستدرجَهُ إلى ذِكر شيء فلم يَذْكُر شيئاً. ولم يَبْدُ منه ما يُطْمِعُنا في استبطانٍ ما عنده ولو بَعدَ حين.

الملكة: أَأَحْسَن لِقَاءَكُما؟

جيلد تشترن: أَحْسَن لِقاء.

الملكة: أَدعوتُماه إلى مُفْتَرَج، وَتَنْزيه خَاطِرِ.

روزنكرنس: اتفق يا مولاي أنّنَا وجدْنَا في طريقنا فِرْقَةً من الممثلين فاسْتَصْحَبْنَاهَا على رجاءٍ أن تكون له بها تَسْلِيَةٌ، وقد نمى إلينا أنها ستمثل بين يَدَيْه الليلة شيئاً مما يحب.

بولونيوس: أجل، وقد سألني هامْلِت أن أدعوكما لحضور ذلك التمثيل الليلة.

الملك: سأحضره منشرحَ الصدر، ويُثلجُ صدري أن أعلم رغبته في مثل هذه الملاهي وانصرافَهُ إليهَا، فزِيدَاهُ شغفاً بها، أوْ بما يشاكلها من المَسَرَّات.

روزنكرنس: هكذا سنفعل يا مولاي.

(يخرج روزنكرنس وجيلد تشترن)

الملك: وما السر الذي تقوله عندك؟

بولونيوس: إن هامْلِت يحب ابنتي أوفيليا، وهي فتاة جَمَعَتْ إلى جمالها الباهر طَهَارَة القلب أيضاً، فكاشفتني بما يُسِرُّه إليها من حبه؛ ولأنني والدٌ حريص على الكرامة والعِرض نهيتُها عن الاسترسال معه في شأن لا نَتِيجة له؛ لأن هامْلِت أعْلَى مَقاماً وأسْنى منزلة، في أن تكون له أهلاً، فأبدت له شيئاً من الإعراض. وإليكما هذه الكلمات المكتوبة التي أَتْحَفَهَا بها شِعراً ونثراً: «ارتابي في أن النجوم من نار... ارتابي في أن الشمس تدور. ارتابي في أن الحقيقةَ تلابِسُ أحْيَاناً الكَذب، ولكن لا ترتابي أبَدَ

الدهر في حبي. أنا لا أحسن التقييد بالشعرِ وأعاريضه وتعدادِ أهجيته، ولكن ثقي بأنني أهواكِ هوى يملأ جوارحي، ثقي، ولك الله- ولك- بأنني أسير غرامك أيتها السيدة العزيزة ما دام هذا الجسم الفاني في تصرفه». أفبعد هذه الرقعة ريب في أن جنونه من شغفه بها؟

الملكة: جائزٌ ما تقول.

الملك: ولكن كيف تستطيع التحققَ من ذلك؟

بولونيوس: قد توقَّعْتُ أن ترتابا ولو قليلاً في الأمر، فلهذا أحضرت ابنتي. وهي الآن غير بعيدةٍ عنا، حتى إذا رغبتما في شهادَةِ السمع والنظرِ أخرجتها له حين يمر بهذا الرِّواق كعادته في مثل هذه السَّاعَةِ، ومتى وقفتما من خفاءٍ على ما يدور بينهما انتفى كل شك.

الملك: لِنجربْ هذا. أجد هامْلِت قادماً وبيده كتاب ويقرأ. اذهب يا بولونيوس فأَرْسِل فتاتكَ، ولْنَتوارَ نحن هنيهة يا مليكتي.

(يخرجون جميعاً ويدخل هامْلِت)

هامْلِت: ويحي من هُزْأةٍ بليد، أليس عجيباً أن ذلك الممثلَ الذي كنت أختبره منذ هنيهةٍ يستطيع على كونه إنما يُصَوِّرُ حادثاً مكذوباً، ويُهيِّئُ إحساساً ليس من الحقيقة في شيء، أن يصنعَ وجهه، ويُشَكِّل حركاته، على النحو الذي يوحيه إليه خاطرهُ، فهو يمتقعُ حزناً، ويستدِرُ جفنيه دمعاً، ويظهر التَّدلُّةَ ويجهَشُ بصوته في التَّوَلُّه، ويطابقُ بمهارته بين صُورَتِهِ، وتَصَوُّرِهِ، وكل ذلك لغير ما طائلٍ يحلي به كل ذلك في سبيل حسناء لم

يرَها ولم يعرفها، فما الذي كان يفعله لو كان مكاني؟ إذن لأغْرَقَ مسرحَه بعبراته، وصدَّعَ آذان الجمهور بكلماته الرهيبة، وَأَجَنَّ المذنب، وَأَذْعَرَ البريء، وأَذْهَلَ الجاهل، بل لأصمَّ السمع، وسدَرَ البصر، أما وتبأً لي من أثيم وضيع، وشجاع دَعِيٍّ، فغايةُ ما دافعت به عن أب حبيب، وملكٍ عزيز، نُكِبَ أَشدَّ النَّكباتِ: هو أنني أَهْذِي هَذَيَانَ الحالم، مع أن شاغل الانتقام مالئٌ نفسي، أجبانٌ أنا؟ من ذا الذي أسمعه يسخَرُ مني؟ ويقول لي: يا ضُحْكَة. من ذا الذي اعترضني الآن في الطريق؟ فَنَتَفَ لِحْيَتي، ونَفَخها في وجهي، من ذا الذي جَذَبَني من أَنْفي؟ من ذا الذي كذبني فردَّ أقوالي في حَلقي حتى أعادَهَا إلى صميم رِئتي؟ من ذا الذي فعل بي هذا؟ إِني أذن لذو كبد لا تَزيدَ شيئاً عن كبدِ فرخ من الحمام، فليت لي مرارةً ولا يَضِيمُني ظُلم الظالمين، ولولا ذلك لا شَبِعَتْ منذ حين جوارح الطير من لحم ذلك الوغدِ الخبيث، لك الويلُ كلُّ الويل، من مجرم دَامِي الأَظَافر، ومن فاسقٍ فاسدٍ، ومن خائن مَيِّتِ الضمير، أَيُّ صبور أنا؟ أكذا إقدامُ الولد الذي قُتِل أبوه فاسْتَصرَخَهُ لأخذ الثأر، واستفزَّهُ بعوامل السماء وَجَهَنَم؟ أفَبي حاجةٌ كحاجة البَغِيِّ المومِس، أو الأجيرةِ القعيدةِ في المطبخ إلى تبديد ما في قلبي من الحقد بالألفاظ والثَّرْثَرات؟ حَراكاً يا دماغي، حَراكاً، أماماً يا عَزمي أماماً، رويدي هنيهة، قد سمعت أن أناساً من مرتكبي الجرائر، ومقترفي الجرائم، شهدوا تمثيل وقائع شبيهة بجرائمهم، وجرائرهم، فأَخَذَتْهُم رَهْبةُ المقام، وفاجأتهم هِبَّةُ الضمير، فأقروا بما ارتكبوا واقترفوا، وذلك لأن جِنايَةَ القتل على كونها ليست بذات لسان، لا تعدَمُ أداةً عجيبة للإفصاح عن سرها، والدَّلالَةِ على

نفسها، ولهذه العلة قد هيأت للممثلين الذين ستشهدهم الآن، جريمة خيالية من نوع الحادثة التي اغتال بها عمي أبي. ومتى مَثلتُ لأَرْقُبَنَّه وأسبُرنَّ غورهُ، فإذا اضطرب فقد تبينت ما عليَّ، وسلكتُ سبيلي، قد يكون الروح الذي رأيته شيطاناً، وللشيطان أن يبدوَ في كل شيءٍ يُختارُهُ، فأَخشى أن يكونَ قد حاول خديعتي من أجل ضعفي، واستمرارِ كآبتي وإنَّ أصحابَ الأمزجةِ المجانسة لِمَزاجي، لأَشدُّ تَأثراً بإغراءِ الشيطان، فلا بدَّ لي من الأدلَّةِ الجليَّة، النَّافِيَةِ لكل ريب، وما تلك الروايةُ إلَّا المرآة الصادقة التي سأستجلي بها سَريرةَ المَلِك.

(يخرج هامْلِت وتدخل أوفيليا وبولونيوس)

**بولونيوس:** تمشَّيْ هاهنا يا أوفيليا، وأنتَ يا مولاي، وأنتِ يا مولاتي. مكانكُما هاهنا. ثم أنتِ يا بنيتي اجعلي هذا الكتاب في يدك كأنَّكِ تقرئين، وعلى هذا النحو يكونُ الموقفُ أشوق، أجِدْهُ عائداً، لِنَتَوارَ يا مولاي.

(يخرج بولونيوس والملك والملكة)


**هامْلِت:** أكون أو لا أكون؟ تلك هي المسألة، أيُّ الحالتين أمْثَلُ بالنفس؟ أتَحَمُّلُ الرجم بالمقاليع وتلَّقي سهام الحظِ الأنكد، أم النهوضُ لمكافحةِ المصائب ولو كانت بحراً عجاجاً وبعد جهد الصراع إقامةُ حدِّ دونها، الموت، نوم، ثم لا شيء. نوم نستقر به من آلام القلب، وآلاف الخطوب التي وَكَلَتْهَا الفِطْرَةُ بالأجسام، ونخشاهُ على أنه حقيق بأن نَرْجُوَه، الموتُ

رقاد، رُقَادٌ وقد تكونُ به أحلام، آها هذه عقدةُ المسألة، إنما الخوفُ من تلك الأحلام التي قد تتخلل رقادَ الموت بعد النجاة من آفات الحياة، وهو الذي يَقِفُ دونه العزم، ثم هو الذي يَسُومُنَا عذاب العيش، وما أطوَل مداه، إذ لولا هذا الخوفُ، لما صَبَرَ أَحَدٌ على المذَلَّاتِ، والمَشَقَّاتِ الرَّاهنة، ولا على بَغْيِ الباغي، ولا عَلَى تَطَاوُلِ الرجلِ المُتَكَبِّر، ولا على شَقَاءِ الحب المرذول، ولا على إبطاءات العدل، ولا على سلاطَةِ السلطة، ووقاحة القدرة، ولا على الكوارث التي يُبتلى بها الحُسَبُ الصحيح، والمجدُ الصريح، بفعل الجُهَلةِ، وتهجم السَّفَلَةِ، وفي وُسع المرء أن يترخصَ في الابتعاد، فيسلمَ من كل هذه الرزايا بطعنةٍ واحدة؟ من خِنْجَرٍ في يده. من الذي كان يرضى بالبقاءِ رازحاً تحت الحِمْلِ دائمَ الأنينِ، مستنزفاً ماءَ الجبهة من الإعياء؟ لولا أنه يتقي أمراً وراءَ الحياة، البلد المَجْهَل الذي لم يستكشفه باحث، ولم تَتَخَط تُخُومَه قدمُ سائح، يحدونا أن نُؤثِرَ الصعب بين أهلنا، على السهل بين قوم لا نعرفُهم. من ثَمَّ قَوِيَ الضميرُ، وجعلنا كلَّنا جبناء، من ثَمَّ تحولَ الزَّهو في لونِ العزيمة إلَى شحوبٍ بفعل التفكير، من ثم صُودِم التصميمُ على كل أمرٍ عظيم، فانحرَفَ عن طريقه، ثم بَطُلَ ولم يجدُرْ باسم العمل، مهلاً. مهلاً. الآن. هذه أوفيليا الجميلة. يا ابنة الماء، لعلك تذكرينني في أَدْعِيَتِك فتُمحي خَطَايَاي.

**أوفيليا**: يا مولاي الكريم، لعلَّ سموك بخير بعد الغيابِ أيَّاماً.

**هامْلِت**: لكِ الحمد بكل اتضاع. إني بخير. بخير.

**أوفيليا**: مولاي، لدي منك هدايا أرغب منذ زمنٍ في ردها إليك.

هامْلِت: لا، ليست مني. لم أُعْطِكِ شيئاً قط.

أوفيليا: بل هي منك يا مولاي المعظم ولا ريب في أنك تتذكرها، وتتذكر الكلمات الطيبات التي أرفَقْتها بها، فكانت منها بمنزلةِ نَفَحَاتِ العطر، أما الآن فقد زال عبيرُها، فاسْتَعِدْها. إن العطية مهما تكن غاليةً، تَفْقِدُ نفاسَتَها، وتُبْخَسُ قيمتُها مَتَى ساءت إشارة المعطي، دُونكهَا. أي مولاي.

هامْلِت: آها. آها. ألأنتِ عفيفة؟

أوفيليا: مولاي.

هامْلِت: ألأنتِ جميلة؟

أوفيليا: ما تعني يا مولاي؟

هامْلِت: إن كنتِ عفيفةً وجميلة، فحذارِ أَنْ يكون لعفافك أَدْنَى اتصالٍ بجمالك.

أوفيليا: ولكن يا مولاي أيكون للجمال رفيقٌ أفضل من العفاف؟

هامْلِت: هذا حق، ولكنه يَتَسَنَّى للجمال أن يحول العفة إلى قوَّادةٍ سافلة، أكثر مما يتسنى للعفة أن تُصَوِّرَ الجمال على مِثالها. كأن ما تقولين من مغالطاتِ المتقدمين، أما الآن فالزمن على غيرِ ما تظنين، لقد أحببتك قبلاً.

أوفيليا: أوهمتني ذلك فعلاً يا مولاي.

هامْلِت: كان ينبغي ألَّا تصدقيني، إن الأُرُومَةَ التي نحن منها، وإن لُقِّحَتْ بالفَضِيلَة، لم تُفَارِقْهَا طبيعتُها الأصلية. لستُ لكِ محباً.

أوفيليا: لقد زِدتَني خيبةَ أمل.

هامْلِت: اذهبي إلى دير، علام تريدين أن تكوني والدةً، ومرضِعاً لخاطِئين؟ أنا على شيءٍ مِنَ الاستقامة، ومع هذا أَسْتَطِيعُ أَنْ أذكر لكِ عن نفسي أشياءَ كانَ خيراً معها أَلَّا تَلِدَني أُمي، تكاد الذنوبُ التي تحفُّ بي تكون أكثرَ عدداً مما عندي من الخواطر لإيوائها. ومن التصوُّر لتصويرها ومن الوقت لارتكابها. ما لأمثالي وللتَّجرُّرِ طويلاً بين السماء والأرض؟ نحن جميعاً مجرمون سفلة فلا تصدقي أحداً منا، سِيري سيرَكِ دِرَاكاً إلى دير، أين أبوكِ؟

أوفيليا: في البيت.

هامْلِت: لنقفِلْ عليه الأبواب حتى لا يُمَثَّلَ دورَ الأَحمقِ في خارج بيته. أستودعكِ الله.

أوفيليا: يا أَيَّتُها القِوَى العلويةُ امنحيه الشفاء، هَفِي على ذلك العقلِ الوطيد أَنْ يَتَهَدَّم هكذا، أسفي على ذلك الفتى الذي كان رفيقاً شجاعاً وعالِماً. وكان له اللحظُ، واللسانُ، والسيف، وكان رجاءَ المملكة، وزهرةَ هذا البلدِ الجميل، ومرآة الأزياءِ الشائقة، وتِمْثَالَ الحسنِ في الشباب، ومرمُوق المرموقين. أَسفي عليه أن يصيرَ إلى هذا التلف، إني لأتعسُ النساء حظاً، وأكبرُهُن مصاباً، بالأمس أسمع أقواله العِذاب فأرتوي منها شهداً، واليوم أجد ذلك الذكاء العالي يتبدَّدُ في أَلْفَاظٍ مُخْتلة، كأصوات الأجراسِ التي وصمت، فتنكرت أصواتها بعد الشجو، والطرب. آهاً عَلى تلك الملامح التي لا تُضَارع، وذلك الشباب النضير

الذي تَتَصَعَّدُ منه الآن هذه الزَّفرات، يا ويلتي، وا حرَّ قلباه! أين ما رأيت مما أرى؟

(يدخل الملك وبولونيوس)

الملك: لئن كان ذا غَرَام فليس ما سمعناهُ بغرام، خير لي أن أُرسله إلى إنجلترا عسى أن يُفيدَه تبديلُ الهواءِ. أمَا هذا رَأيك؟

بولونيوس: سينفعه ذلك، قد سمعنا يا أوفيليا كلَّ ما دارَ من الحديث، مولاي... أَلَا ترى أن نُشيرَ على الملكة باستدعائِهِ إلى غُرْفَتها بعدَ التمثيل، وتَبْذُلَ جُهْدَها في اسْتِشْفافِ ما به؟ وإنْ حسُنَ لدى جلالتك، وَقَفْتُ أنا من تلك الخَلْوَةِ، بحيث أسمعُ كلَّ ما يقال، ولا يُشْعَرُ بي، فإن لم يبُح لها بسره، فالخيرُ كلُّ الخير في سفره إلى إنجلترا، إلى حيث تشاء.

الملك: سنفعل ما أشرتَ به. لا ينبغي أَنْ يُتْرَكَ جنونُ العُظماءِ بلا رقابةٍ ولا رُقَباء.

(يخرجون)

# المشهد الثاني

**ردهة القصر نفسها**


(هامْلِت وهوراشيو)


**هامْلِت:** مَن الداخل؟ هوراشيو؟

**هوراشيو:** خادمُك الأمين يا مولاي.

**هامْلِت:** أي هوراشيو إنكَ للصَّديقُ الفذُّ الذي رَأَيْتُهُ في الناس منذ اخْتَبَرْتُ الناس.

**هوراشيو:** واها مولاي العزيز.

**هامْلِت:** لا تظن أنِّي أُداجِيك، أوْ أُحابيك، أو أيُّ شيءٍ أرجوه منك لكنك على رِقَّةِ حالك تَأْبَى الذل، ولا تَعْرِفُ المَلَق، وكل ما تجيء به الحياةُ خيراً كان أم شرّاً، تلقاهُ بصدر رَحْب، لكن دعنا من الإطالةِ في هذا الشأن، ولنتكلم في شأن ذي بال، الملك سيحضُرُ الآن الرِّوَايَةَ التي دعوتُهُ إلَيْها. وقد دَسَسْتُ فيها ما جَعَل أَحَدَ فُصُولِهَا مُطَابقاً من كلِّ الوجوه لما جَرَى حين مَقْتَلِ والدي، فأرجو منك أَنْ تَرْقُبَ عمي، مُعْمِلاً جميعَ قُوَى ذهنك

لِتَتبيَّنَ أَمجرمٌ هو؟ أَمْ أنا مخدوع برؤية طَيْفٍ جَهَنَّمي؟ وتاللهِ لأرقُبنَّهُ معك بِأَقصى تَنبُّهي، ثم نَجْتَمِعُ خَالِيَين ونَقْضي بِمَا نَرَى.

**هوراشيو:** عليَّ الضمانُ أَنْ أختلِسَ من مُلَاحَظَتي كُلَّ حركةٍ من حَرَكَاته.

**هامْلِت:** ها هم، يجب أن أكون غير مكترث، خذ لك مجلساً.

(سلام الدانمارك... موسيقى. الملك. الملكة. وبولونيوس. وأوفيليا. وروزنكرنس. وجيلد تشترن)

**الملك:** كيف ابن أخينا هامْلِت؟

**هامْلِت:** في أحسن حال. أعيشُ من فُضُول الحِرباء. يَقُوتُني الهواء. وتُسمِّنُني المواعيد (مخاطباً الآخرين) هل الممثلونَ على أُهْبَة؟

**روزنكرنس:** إنما ينتظرون أمر مولاي.

**الملكة:** إجلس بقربي يا حبيبي هامْلِت.

**هامْلِت:** يا أُمي الرؤوم هاهنا مِغْنَاطيسٌ أقوى.

**بولونيوس (للملك):** أتلْمَحُ يا مولاي؟

**هامْلِت (وهو يجثم لدى أقدام أوفيليا):** أَلأَجْعَلُ رأسي على ركبتيكِ يا سيدتي.

**أوفيليا:** أجدك مسروراً يا سيدي.

**هامْلِت:** لِمَ لا؟ ألست الضُّحكَةَ الضُّحكَةَ. وهل يجدي المرءَ شيءٌ كأن يَكونَ مُغْتبطاً؟ انظري إلى والدتي، أليسَت فَرِحَةً ومع ذلك لم يَمُتْ أبي

إلَّا منذ ساعتين.

**أوفيليا:** بل منذ شهرين يا مولاي. **هامْلِت:** ما أطولَ هذا الزَّمَن. أمنذُ شهرين ولم يُنس بعد، إذن يُرجَى أن تبقى ذكرى الرجل العظيم أكْثَر من نصف سنةٍ في هذه الدنيا. (تُقرع الطبول، ويدخل إلى المسرح الداخلي ملك وملكة متعاشقان يتعانقان، ثم تجثو هي على قدميه مقسمة على صدق هواها، فيرفعها ويلقي رأسه على كتفها، ثم يستلقي على نشز من الأرض مغطى بالأزهار، فيغفو، وتنصرف هي، فيطلع رجل آخر فينزع تاج الملك ثم يفرغ قارورة سم في أذن الملك ويتوارى. بعد ذلك تعود الملكة وتجد الملك ميتاً فتُقَبّله وتُبدي الحزن الشديد، وإنها لكذلك إذ يجيء صاحب السم، ومعه صاحبان صامتان ويشرع يبكي معها مراءاة، وفي هذه الخلال تُنقل الجثة ويأخذ صاحب السم بتقديم هدايا إلى الملكة، فتتظاهر برفضها أولاً ثم تقبلها (ويخرج الممثلون)).

**أوفيليا:** ما معنى هذا يا مولاي؟

**هامْلِت:** هذا مكمن الخُبْث. هذا هو الإجْرام.

**أوفيليا:** لا جَرَمَ أَنْ يدل هذا المنظرُ الصامتُ على غَرَضِ الرِّوَاية.

(يدخل ممثل هو مقدم الرواية)

**هامْلِت:** سترَيْن ما وراءه إِن الممثلين لكاشفون للأسرار، هتَّاكونَ للأسرار. افعلوا أنتم بلا خجل ما تريدون، وهم يهيِّئونه لكم، ولا يبخلون بتأويله.

أوفيليا: إنك لبذل اللسان، دعني أسمع الرواية.

مقدم الرواية: نجثو لدى حلمكم بخضوعٍ، ونلتمس لنا ولمأساتنا تَكَرُّماً من لدنكم، وصبراً جميلاً.

أوفيليا: هذه مقدمةٌ لم تكن طويلة.

هامْلِت: وكذاك حُبُّ النساء.

(يدخل ملك الرواية وملكتها)

ملك الرواية: ثلاثونَ دورةً دارتها الشمس حول المحيط، وتجلت الأقمارُ الاثنا عشر في كل منها، ثم انقضت بِأعوامها، وشهورها، وأيامها، وما زال قَلْبَانا مرتبطين بالحب. وخِنْصَرَانا معقودين بالزواج، كأن الساعة الأخيرة منها هي الساعة الأولى.

ملكة الرواية: ليت الشمس والقمر يعودان علينا عِدَادَ السنينَ التي مضت، ولما ينقضِ هذا الحبُّ الذي يجمعُ قلبينا، غير أنني تَاعِسَةُ الحظ للعلة التي دهمتك منذ حين. وهي علة ما زِلْتُ أرجو شفاءَها، وإنما تكبر الخشيةُ حيث يكبر الغرام.

ملك الرواية: جدير بي يا حبيبتي أن أستودعك الله؛ لأَن قُوَاي الحيوية تنحلُّ، وعما قليل تعيشين بعدي مكَرَّمةً، عزيزة. وقد تكونينَ بين ذراعي بعلٍ آخر.

ملكة الرواية:... لا تزد... معاذَ الله، إني إذَنْ لغَادِرَةٌ خؤون، بعل سواك! لم تَتزوَّج أنثى بثانٍ إلّا وقد قَتَلتِ الأَول.

هامْلِت (لنفسه): هذه لوالدتي جُرْعَةٌ من الصبر.

ملك الرواية: أنتِ لا شكَّ صادِقةٌ ولكن قد يحدُثُ ما يدعو إلى المُخالفة، ليستِ النيَّةُ التي تنوينها سِوَى أسيرة مرتَهِنةٍ بذاكرتنا، فإذا وُلِدَتْ غيرَ ناضِجةٍ فلن تَطُل سلامتُها. الثمرة الفِجَّةُ تمسك بالشجرة اليوم، ولكن تَسْقُطُ ولمّا تُهْزَزْ متى نَضِجَتْ، المرء ينسى أو يَتَنَاسَى دواماً أن يُوَفِّي الديْنَ الذي هو مدين به لنفسه، الشهوةُ تبعثُ العزيمةَ فإذا زالت الشهوة دَالَت العزيمة، اللذة والألم في شدتهما يتنافيان، وحيث تَنْبَسِطُ اللذةُ ينقبض الألم، ليس هذا العالم بِسَرْمَد، فلا غروَ أن ينقِضي فيه غرامُ الإنسان مع انْقِضاء سعده. أفكارُنَا ملكُنا، ولكنَّ تصريفَها في يدِ الحوادث، وظنَّكِ أنكِ لا تتَّخِذِين قريناً ثانياً قد يموت متى مات قرينك الأول.

ملكة الرواية: إذن لا أظلَّتني السماء ولا أقلَّتني الأرض، ولا كانَ لي سرورٌ، ولا راحةٌ في الليل والنهار، وليتحول أملي وإيماني إلى يأس، ولأجعل قَعيدَةَ سجنٍ، ومحظِيَّةَ رجل خلي بقية أيامي، ولتظفر الخطوب التي يعبس بها وجه الأرض بِأعز آمالي، وأمانيِّ، فتقوِّضُها تَقْويضاً، وليصحبني أشَدُّ العذاب في الدُّنيا والآخرة إن أصْبَحْتُ أيِّماً فتزوجت.

هامْلِت (مخاطباً أوفيليا): ما قولك بعد هذا لو حنِثَتْ؟

ملك الرواية: هذه أقسام محرجةٌ أيتها الحبيبة الرقيقة، دعيني وحدي قليلاً أُرِحْ جُفُوني وأُسَكِّن هواجِسِي بغِرارٍ من النوم.

(ينام)

ملكة الرواية: نَعِمَ بالُك ولا انْدَسَّ الشقاءُ بيننا.

(تخرج)

هامْلِت: أتُعجبك هذه القصةُ يا مولاتي؟

الملكة: الملكة تُغَالي في أيمانها.

هامْلِت: أجلْ، ولكنها لن تحنَث.

الملك: أتعرف موضوعَ الرواية؟

هامْلِت: لا. لا سوى أنهم يضحكون. يقتلون للإضحاك وما في الرواية من شيءٍ جارح.

الملك: ما اسمها؟

هامْلِت: اسمها «المصيدة» سُميت بها استعارة، وواقعتُها أن دوقاً يُدعى جنزاجو وامرأة له تدعى باتستا... سترون أحطَّ ما يستطيعه الكيدُ والإجرام، سترون. (يدخل لوسيانوس) هذا ابن أخٍ للملك يقال له: لوسيانوس. (بمسمع من أوفيليا) إبدأ أيها القاتل، دعْ تلك الإشارات البغيضة، واشرع في الاغتيال، دونكه. الغراب يَنْعَقُّ في طَلَبِ الثَّأر.

لوسيانوس: فكر مُدلَهِمٌّ، ذراع متأهبة. شراب مهيأ، فرصة سانحة، حالة مواتية. لا عين تنظر، أيها المزيج الفعَّال من أعشاب برية، قُطِعَتْ في انتصاف الليل، واستزيد أذاها ثلاثَ مرات بِدَعَوَاتِ ربَّة السحر، انْفُذْ عاجلاً في هذه العَافِيَة فأزِلْها، وتولَّ سريعاً هذه الحياةَ فأُبدْها.

(يُفَرِّغ سمّاً في أذن الملك النائم)

هامْلِت: يَسُمُّه في الحديقة لِيَغْصِبَ أملاكه، أما حكاية جنزاجو فهي حكاية حالٍ مكتوبة بالإيطالية، ومُحَبَّرَةٌ تحبيراً. ستروْن عما قليل كيف يستميل المغتالُ قلب امرأة جنزاجو.

أوفيليا: نهض الملك.

هامْلِت: عجباً! أَخَافَ من نار الحُبَاحِب؟

الملكة: ما خطبُك يا مولاي؟

بولونيوس: حسب ما فات من هذه الرواية.

الملك: أنيروا سبيلي.

بولونيوس: الأنوار. الأنوار.

(يخرجون إلا هامْلِت وهوراشيو)

هامْلِت: أي صديقي هوراشيو الآن أُخاطِرُك على ألف دينار استرليني أن الطيف قد صدق.

هوراشيو: أجل. أجل يا مولاي.

هامْلِت: أَلَمَحْتَهُ حين مُثِّلَت واقِعَة السُّم؟

هوراشيو: تفرَّسْتُ فيه.

هامْلِت: موسيقى، أسمعونا شيئاً من الموسيقى.

(يدخل روزنكرنس وجيلد تشترن)

**جيلد تشترن**: مولاي الجواد ألتمس الإذنَ بكلمة أقوُلُها.

**هامْلِت**: قُلْ تاريخاً مسهباً يا سيد.

**جيلد تشترن**: الملك يا سيدي.

**هامْلِت**: نعم يا سيدي. ما أنباؤه؟

**جيلد تشترن**: دخل مسْكنهُ منزعجاً للغاية.

**هامْلِت**: من الإفراط في الشراب.

**جيلد تشترن**: بل من الغضبِ.

**هامْلِت**: كان أَدْنَى إلى الحزمِ أَنْ تُسرِعَ بهذا الخبر إلى الطبيب، أمَّا أنا فلو كلفت حملَ المسهلِ إليه لازدادت عليهِ العِلَّة.

**جيلد تشترن**: الملكة. والدتك في غمٍّ شديدٍ، وقد أرسلتني إليك.

**هامْلِت**: آنستني.

**جيلد تشترن**: مولاي، دع السخرية مني وَأجبني إجابةً سليمة.

**هامْلِت**: لا أستطيعها يا سيدي.

**جيلد تشترن**: ماذا يا سيدي؟

**هامْلِت**: أن أعطيك جواباً صحيحاً. إن عقلي مريض. ماذا تريد أمِّي؟

**روزنكرنس**: هي محزونة جداً، وتريد أن تزورها في غرفتها قبل انصرافِكَ للرُّقاد.

هامْلِت: سنطيعُ أمرها ولو كانت أُمَّنا عشرَ مرات. أعندك شيء آخر تخاطبنا فيه؟

روزنكرنس: مولاي، كانت لي منزلة من الْحُظْوَةِ لديك.

هامْلِت: ثم لم تَزلْ، أُقْسَمْتُ بهذه الغاصِبَةِ وهذه السَّالِبَةِ.

(يشير إلى يمناه ويسراه)

روزنكرنس: فما السبب في اضطرابك يا مولاي؟

هامْلِت: لماذا تحومُ حوالَيَّ، وتتأثرُ أَثَري، كأنك تنصِبُ لي فخاً وَأُحْكَمُ القولِ: ألا تَجَسَّسُوا.

جيلد تشترن: آها مولاي، إذا كان ما يقتضيني واجبي يُجَرِّئُني عليك، فحبي لك معوانٌ لذلك الواجب.

هامْلِت: لم أفهم هذا المعنى الدقيق، أَتَنفُخْ في المِزمار؟

جيلد تشترن: لا أُحسِنُ يا مولاي.

هامْلِت: أبتهل إليك.

جيلد تشترن: صدقني يا مولاي، لا أُحسن.

هامْلِت: اتضرَّع إليك.

جيلد تشترن: لا أعرف كيف أُخرِجُ منه صوتاً واحداً.

هامْلِت: هو سهلٌ كالكَذِب. أُسْدُدِ الثقوبَ بأصابعك، وانفُخْ بفمك. تَخْرُجْ أنْغَامٌ شَجِيَّة، دونكَ هذه الثقوب.

جيلد تشترن: لكنني لا أعرف كيف أُصَرِّفُ أَصَابِعِي، ولا كيف أُلَفِّقُ اللحن.

هامْلِت: إذن فانظرِ الآن سوء ما أنت فاعل، تريد أن تلعب بي ولا تعرفُ مأخذاً من مآخذي، أتظن أَنَّ اللعب بمثلي أيسرُ منه بمثلِ ذلك المزمار؟ (يدخل بولونيوس) بركات الله يا سيدي.

بولونيوس: الملكة تريد لقاءك الساعة.

هامْلِت: أتبصر ذلك السَّحاب؟ ما أَشْبَهَهُ بالجَمَل!

بولونيوس: كأنه جمل.

هامْلِت: بل بالعِرْسَة.

بولونيوس: ظهره كظهرها.

هامْلِت: بل بالحوت.

بولونيوس: هو كالحوت.

هامْلِت: سأمضي إليها الساعة، هم يشدون الحبل إلى الجنون وحان أنْ ينقطع.

بولونيوس: سأبلغها ذلك (متفرداً) وسَأَحْضُرُ من وراءِ حجاب حديثَهُ معها، فأعيده إلى الملك؛ إذ ربها أخفتِ الوالدة بعض أحوال ابنها.

(يخرج)

هامْلِت: سأمضي يا قلبُ لا تخرج عن إنسانيتك، سَأُخِيفُهَا، وأروعُها

بذكر الخناجر، ولكن لن أمسها، ولن أكونَ «نيرون»، حذارِ يَا نفسي!

(يخرج)

# المشهد الثالث

## قسم آخر في القصر


(يدخل الملك، وروزنكرنس، وجيلد تشترن)


الملك (منفرداً): قَتْل الأخ ما أشقهُ على النفس. أودُّ لو أصلي وأستغفر ربي لكنني لا أستطيع. غلب إثمي على رغبتي في التوبة، ألا توجدُ في رحمة السماء مياهٌ كافيةٌ لتطهرَ يدي مما عَلِقَ بها من دم أخي؟ ما معنى الرحمة إذا لم تملك الوقوف في وجه الحقيقة، فتردَّنَا عن الشر إن نوينا، وتُقيلنَا منه إن عَثَرنا؟... أي الأدْعِيَةِ يتقبله الله في مثل حالتي؟ أيعتد سبحانه بتوبتي وأنا مُصِرٌّ على جريرتي؟ محتفظٌ بتاجي وامرأتي، وهما سَلَبي من أخي؟ في هذا العالم الفاسد قد يُتقى العدلُ بزخْرُفِ القول، ويستخدمُ ما نُهبَ في الكَفَّارة عن ذنب الذي نهب، أمَّا بين يدي الله فلا تُجْدِي الحيلةُ ولا المُغَالطة، ولا يلقى الإنسان إلا صريح عمله. ويلي من شقي... سأحاول أن أتوب، أيتها الملائكة أعينيني. يا ركبتيَّ العصيَّتَيْن، اجْثُوا لَيِّنَتَيْنِ أسام جلال الله، ويا قلبي المقدود من الفولاذ كن طَرياً كقلب الطفل الوليد، عندئذ تستقيم الحال أو تؤذنُ بالصلاح (يجثو).

هاملِت: أراه هنا. ما أجْدَرَني بطعنه الآن، لكنه يصلي، أيرسل أبي إلى جهنم باغتياله إيّاهُ لا مصلياً، ولا مستغفراً، وأقتلُه أنا حين سجوده لديه، فأرسله إلى النعيمُ؟ لِأَذرهُ إلى حين أضرِبَهُ فيه وهو مخمورٌ، منهمكٌ في الفسق والفجور (يقف الملك وينصرف، ولدى وقوفه يتوارى هامْلِت وتدخل الملكة مع بولونيوس).

بولونيوس: هذا موعدُ مجيئه، ولا تدعي أن تُعَنِّفيهِ على بَدَواتِهِ، وأن تُبْلغيه بأنه لولاكِ لحل به مكروهٌ شديدٌ من غضب الملك. سأتوارى هنا.

الملكة: لا تخف سأفعل ما تشير به. عَجِّل، فإني أسمعه قادماً وسأفعل ما يجب.

(يدخل هامْلِت)

هامْلِت: ما خطبك يا والدتي؟

الملكة: لشد ما أهنت أباك يا هامْلِت

هامْلِت: أي والدتي، لشدَّ ما أهنتِ أبي.

الملكة: ويك، أتجيبيني بكلام فظ؟

هامْلِت: ويكِ، أتسألينني بلسان خبيث؟

الملكة: يا للعجب! أتُدرك ما تفعل يا هامْلِت؟

هامْلِت: وماذا فعلت؟

الملكة: أنسيتَ من أنا؟

هامْلِت: لا وربي إن أنتِ إلَّا الملكة... امرأة أخي زوجك وليت هذا لم يكن، ثم أنتِ أمي.

الملكة: إذن سأبعث إليك بمن يحسن مخاطبتك.

هامْلِت: إياكِ أن تتحركي واجلسي في مكانك ريثما أريكِ خبايا نفسكِ بمرآة صادقة.

الملكة: ماذا تبتغي مني. أتريد قتلي؟ إليَّ إليَّ. أنقذوني!

بولونيوس (وراء الحجاب): ماذا جرى؟ إلينا، المعونة!

هامْلِت (يُخْرج سيفه): ما هنا؟ أَجُرَذٌ من الجِرذان؟ (يضربه من وراء الحجاب) مات أراهن بدينار.

بولونيوس (من وراء الحجاب): أوَّه قتلني (يسقط ميتاً).

الملكة: ويحي! ما صنعت؟

هامْلِت: تالله لا أدري. أهو الملك؟ (يرفع الحجاب ويجر جسم بولونيوس).

الملكة: وا مصيبتاه لعملك الجنوني الفظيع.

هامْلِت: يكاد بفظاعته يا والدتي يعادِل قتل الملك، والتزوُّج من أخيه.

الملكة: قتل الملك؟

هامْلِت: أجل، هو ما قلت وما عنيت (يرفع الستار ويكشف بولونيوس ويخاطبه) وأنت أيها الأجيرُ الحقير، الثرثار الأبله، وداعاً وداعاً، ظننتك

من هو خير منك، فخذ ما قُسم كما قُسم، وتبين، وتبين- ولو بعد حين- أن الإفراط في الزُّلفى قد يجُرُّ وبالاً. حسبك ما تبدين من الإشارات بذراعيك ويديك... عودي إلى السكون ثم اجلسي واسمعي، فلئن كان قلبك لم يتحجر، لأُفَطِّرَنَّه تَفطيراً.

الملكة: أي ذنب جنيت، فتقسو عليَّ بلسانك هذه القسوة؟

هامْلِت: جنيت ذنباً يُدنِّس الطهارة، ويُخضِّب بالحياءِ وجه العِفة، ذنباً ينزَعُ الوردة من جبين الحب، ويضع مكانها قرْحة، ذنباً يعيد عهود الزواج مكذوبةً كأقسام المقامرين، ذنباً يجعل العَقْدَ جسماً بلا روح، ويجعل الدينَ لفظاً بلا معنى. انظري إلى السماء، وهذا الوجه المكفهر الذي تبدينه، كأنَّ الساعةَ ساعةُ النشور. إنها لمريضة من التفكير في ذلك الذنب.

الملكة: يا ويلتي، ما تلك الخطيئةُ المجاوزةُ لكل حد؟

هامْلِت: حدقي في هذين الرسمين، وقابلي مَلياً بينهما. أهذا البشعُ يشبَّهُ بذاك الجميل؟ أهذا الصعلوكُ يشبَّه بهذا المليك؟ لو كان البصر بلا سمع، والسمعُ بلا لمس واللمسُ بلا شم، بل لو لم يكن لنفسك إلا أدنى جزءٍ من الحسِّ، لما أجاز لكِ أن تُؤثري هذا الوغدَ الذميم، على ذاك السيد العظيم، ثم إنكِ لستِ في مقتبَل الصبا، وليس لكِ عذرُ الغرام في شَرْخ الشباب، إن الدم لتخمُدُ حرارته في مثل سنِّك هذه، ويدع الكلمة العليا للعقلِ، ويحكُ أيها الخجل أين حمرتك؟ أي جهنم الثائرة، لا عجب بعد الآن أن تذوب الفضيلة ذوبانَ الشمع بنار الشباب، إذا كان في ثَلْج الكهولة من الضِّرام ما يفعل مثلَ فعلها، وإذا كان العقل يتوسط

القوَّادِ لحمل الإرادة على السِّفاح.

**الملكة**: آه يا هامْلِت كفى. كفى لقد حوَّلت نظري إلى داخلة نفسي، فإذا أنا أرى مواضع سوداء لن ينصُلَ سوادُها أبد الآبدين.

**هامْلِت**: وذاك لِتَظلي على فراش الفساد مُمتعةً بمسرات الخَنَا.

**الملكة**: كلماتك في أذني كطعنات الخناجر. حسبي. حسبي. حسبي.

**هامْلِت**: مجرم ذميم، وغد زَنيم، ملك سخرية، سلَّاب تاج أخيه (يظهر الطيف) أنقذوني استروني بِأجنحتكم أيها الحراسُ العُلْويون، ماذا يريد طيفكم الرحيم؟

**الملكة**: ويحي. هو مجنون.

**هامْلِت**: أجئت لتأنيب نجلكَ على إبطائه في إنفاذ أمرك المطاع؟ تكلم.

**الطيف**: جئت لأذكرك ما نسيت، ثم لأقول لك تعرَّض بين أمك وبين نفسها التي تُحَاربها، فإن أشدَّ تأثيراً المخيلَةِ لفي الأجسام الضعيفة. كلِّمها يا هامْلِت.

**هامْلِت**: ما تريدين يا سيدتي؟

**الملكة**: ويلاه! ماذا تريد أنت؟ علام ترسل نظرَكَ هكذا في الفضاء كأنك تخاطب الهواء؟ ما بال أفكارك هجمت بعينيك إلى خارج وَقْبيهما؟ وما بال شعرك النائم قد نهض نهوض الجنود التي نَبَّهَهَا الحراس؟ أي ولدي الحبيب، ليتغلب الجَلَدُ على ثَورة دمك. ما أنتَ ناظرٌ هناك؟

**هامْلِت**: إياه. إياه أنظر. ذلك الاصفرار وهذا المثال لو اجتمعا لواعظ يَعِظُ الصخورَ لأحدثَ فيها الشعور، لا تُوجه إليَّ هكذا عينيك الحزينتين؛

لئلا يضعُفَ عزمي.

الملكة: من تخاطب؟

هامْلِت: ألا ترين شيئاً؟

الملكة: أرى كل ما هنا، ولا أرى الشيء الذي تقول.

هامْلِت: أوَلَمْ تسمعي؟

الملكة: لم أسمع إلا كلامك وكلامي.

هامْلِت: تفرسي فيه هاهنا. هذا أبي. وهذا كساؤه المألوف. أتُبصرينَهُ يتراجع؟ لقد دنا من الباب.

(يخرج الطيف)

الملكة: هذا دماغك يشتغل بما هو به يشتعل.

هامْلِت: بل حسبي نبضي، إنه سليمٌ كنبضك، وإني لأدرك وأذكر كل شيء، أي والدتي لا تخادعي نفسَك فتعزي إلى جنوني ما هو إثْمك الكبير، توبي إلى ربك واغفري لي نصيحتي؛ لأن من مصائب هذه الحياة أن تحتاج أحياناً الفضيلةُ إلى التماس الغفران من الرذيلة.

الملكة: أي هامْلِت، لقد شطَرْتَ قلبي شطرين.

هامْلِت: إذن ألْقي شرَّهما، وأبْقي خيرهما، تعيشي نقيةً سائر عمرك، طاب ليلك. لا تعودي إلى سرير عمي. اخلقي لكِ فضيلة إنْ لم تكوني ذات فضيلة، امتنعي الليله فهذا يهون عليك بعض الشيء أن تمتنعي مرة أخرى، ثم يجيء الامتناع بعدها أسهل فأَسهل؛ ذلك لأن الترويُّض

بالشيء قد يحل التَّطَبُّعَ محل الطبع، وقد يخضع الشيطان، ثم يَطْرده ثم يبعده بقوة عجيبة (يسير إلى بولونيوس) أما هذا السنيور فأَنَا نادم على ما بَدَر مني في حقه، لقد عوقبت به كما عوقب بي. تلك هي المشيئة. سأجره من هنا، وأتحمل عاقبةَ جريرته، طاب ليلك إنما وجبت عليَّ القسوة لأكون إنساناً بالمعنى الحق، بُدِئَ الشرُّ وله بقيةٌ أشدُّ وألدُّ.

الملكة: ماذا أصنع؟

هامْلِت: لا شيء مما قلت، تسللي إلى سرير ذلك المخمور الشَّرِه. وبُوحي له بكل ما رأيتِ الآن وقولي له: إن جنوني مصطنع.

الملكة: كن على يقين بأنه إذا كانت الكلمات نَسَمات تبعثُها الحياة من الفم، فما بي حياة تخرج منها نسمة واحدة بما قلته لي.

هامْلِت: سيحملونني إلى إنجلترا.

الملكة: ويلي. كنت قد نسيت أمر هذا السفر، أهُمْ عليه مصرون؟

هامْلِت: الأوامر قد خُتِمَتْ، وسيسافر معي رفيقاي في الدراسة، إنها لثعبانان لدَّاغان، ولكن ما أجمل صراع المكر والمكر متى اتجها متقاتلين، والتقيا متقابلين! سأجر هذا الكرشَ إلى الغرفة المجاورة، مسيتِ بخير يا وَالدتي. تعال يا سنيور، قد أصبحت الآن وقوراً ساكناً بعد الطيش والثرثة، هلم يا سنيور. نَعِمْتِ مَساءً يا أمي.

(يخرج بالجثة وتخرج أمه)

ستار

# الفصل الثالثُ

## المشهد الأول

غرفة في القصر. الملك وحاشيته


الملك: بعثت في طلبه، وفي استحضار الجثة، قَتَلَهُ ونحن مضطرون إلى تحمُّل هذه التبعة التي كنا في غنى عنها، ولكن لا بد لنا من المداورة في المسألة دَفعاً لسوء النتائج، ما أشدَّ هذا الفتى خطراً إذا استمر طليقاً! الشعب المختل يُحبُّه، وإنما الشعب يحب ببصره لا ببصيرته، فلا بد من إبعاده بلا ضوضاء، خوفاً من سوء العُقْبى، الأَدْواء النهائية إنما تُداوى بالأدوية النهائية (يدخل روزنكرنس) ما وراءك؟

روزنكرنس: أبى أن يُخبرنا بموضع الجثة يا مولاي.

الملك: أين هو؟

روزنكرنس: بالباب يا مولاي، رهيناً بأمرك.

الملك: ليؤتَ به إلى حضرتنا.

روزنكرنس: هيا جيلد تشترن أدخل مولاي.

(يدخل هامْلِت وجيلد تشترن)


الملك: هامْلِت، أين بولونيوس؟

هامْلِت: في وليمة عشاء.

الملك: أيتعشى، أين يتعشى؟

هامْلِت: عفواً، إنه في وليمة يُتعشى به ولا يتعشَّى. بينه وبين مؤتمرٍ من الديدان السياسية مسألةٌ تُفضُّ الآن. وإنما هي الملكة التي تَرْأسُ مجلس النائبات. نحن نغذي الخلائق الأخر لنتغذى، ومتى سَمِنَّا فإنما نُسَمِّنُ الهوام والحشرات. الملك البطين، والأجير الغث الهزيل إنما هما خادمان لمخدوم واحدٍ إليه مصيرُ كلِّ شيء.

الملك: أي ويا للأسف.

هامْلِت: المرء قد يُتَصَيَّد بدودة من الديدان التي أكلت ملكاً حوتا من الحيتان. إني آكل تلك الدودة.

الملك: ما تعني بهذا؟

هامْلِت: لا شيء سوى أن أريك كيف يستطيع الملك أن يرحلَ رحلةً مستكملة في أحشاء شحاذ.

الملك: أين بولونيوس؟

**هامْلِت**: في الجنة... أرسل إليها من يتفقَّدهُ وإن لم يجده رسولك في السماء فتفقَّدهُ بنفسك في مكان الآخر. أما إذا لم تجدوه في شهر ينصرم فسوف تشمون ريحه من السُّلم المجاور للرُّواق.

**الملك** (مخاطباً أحد حاشيته): اذهب فجئ به.

**هامْلِت**: لا تطيروا. سيتَّئد ريثما تصلون.

(يخرج بعض الرجال)

**الملك**: قد بدا لنا يا هامْلِت دفعاً لكل محذورٍ نخشاهُ عليك، بسبب هذه الجناية، أن يَحتِمُ سفرك إلى إنجلترا كخطف البرق فتأهَّبْ، السفينة معدَّة، والهواء ملائم، ورفيقاك في الانتظار.

**هامْلِت**: إلى إنجلترا؟

**الملك**: أجل يا هامْلِت.

**هامْلِت**: حسن.

**الملك**: أصادق أنت بقولك «حسن» لو كنت تعلم نياتِنا في شأنك؟

**هامْلِت**: أرى ملكاً يرى النيات. لنذهب إلى إنجلترا، وداعاً يا أمي العزيزة.

**الملك**: أولا تودع أباك الذي يحبك!

**هامْلِت**: أبي وأمي زوجان، والزوجان إنما هما شَفْعٌ في وتر. فيا والدتي لنذهب إلى إنجلترا.

(يخرج)

الملك: اصحباه خُطوة خُطوة، ومن فوركم أقلعوا، أريد أن يبرح المكان الليلة. وكل ما يرتبط بهذه المسألة قد هُيِّئ وخُتم (يخرج روزنكرنس وجيلد تشترن). وأنتِ يا إنجلترا حذارِ أن تلبي دعائي، وتعجلي بقتله، فإن دمي لا تهدأ نارُه إلّا بسفك دمه (يخرج من جهة ويعود هامْلِت وروزنكرنس وجيلد تشترن من جهة أخرى).

روزنكرنس: السفينة مملوءة الشراع، مؤذِنة بالإقلاع.

هامْلِت: انتظراني قليلاً... سأسيرُ إليها (منفرداً) شَدَّ ما تجتمعُ الحوادثُ على إثارة غضبي، واستفزازي للأخذ بثأري، علمت الآن أن فورتنبراس مارٌّ ببلادنا يصحَبُهُ عِشرون ألفاً من النرويجيين، لغزو بولونيا، أجل لم يُخلق الإنسان للطعام والمنام، وإنما مُنح الذكاء الذي به ينظر ما وراء وما أمام، ليستخدمه في أبعد من هذه الغاية الزرية، وأسنى من ذلك المرام، هذا الفتى الناحل الضئيل فورتنبراس يسير في عشرين ألفاً من الرجال، مُتَعَرِّضًا لصنوف المنايا، في سبيل مطمع وإن قلَّ، هو غزو أرض لا تقوَّمُ بأكثر من قشرة بيضة، وأولئك الجنود يترامون بالألوف، في مدارج الحتوف لصغير من القصد، ويسير من المجد، حقاً إن النفس الكبيرة لا ينبغي أن تحفِلَ إلا بعظائم الأمور، ولكنها جديرةٌ وأية جدارةٍ بأن تستعظم كلَّ صغيرة تمَسُّ الشرف فأحْر بي أن أُعَجِّلَ في الانتقام، وإلّا فلأكن أنا وأفكاري ومآربي عَدماً والسلام. هلما أيها الرفيقان (يخرج ويتبعانه) (تدخل الملكة وهوراشيو، وأحد رجال الحاشية يستأذن لأوفيليا).

الملكة: قد سافر نجلي الآن وقلبي مفعمٌ بالأحزان، فلا أريد أن أكلمها.

هوراشيو: هي ملحةٌ بالالتماس، وبها سَوْرَةُ خَبَالٍ، وكل ما يُرى من شكلها، أو يُسْمعُ من قولها يدعو للشفقة.

الملكة: ما مرادها؟

هوراشيو: لا تفتأ تذكُّرُ أباها، ثم تبكي، ثم تضحك، تهذي في كل معنى بلا معنى، وتَخْلِجُ بعينيها وتهز رأسَها وكتفيها، والذين تقع أبصارُهم عليها، أو تَرِنُّ في مسامعهم كلماتها، يؤولون تلك الإشارات والألفاظ بما تشاء الأهواء والأغراض.

الملكة: خير لنا أن أكلمها لئلا تُلْقي أبذرةَ الفتنة في قلوب الذين لا يخلصون لنا الحب، أدخلها (يخرج هوراشيو) هكذا النفوس التي أمرضتها الخطيئةُ، ترى كلَّ قليلٍ كثيراً، وتخشى من كل طيفٍ حساباً، وتظنُّ في كل حسابٍ عقاباً، تتولى هي كشف خطاياها من حيث تتغالى في سترِ خَبَايَاها.

(يدخل هوراشيو وأوفيليا)

أوفيليا: أين المليكة الجميلة صاحبةُ الدانمارك؟

الملكة: ما تبغين يا أوفيليا؟

أوفيليا (منشدة): كيف أتبين صديقك الصادِقَ من الآخر الماذِق، قد زان قُبَّعَتَهُ بأصدافِ البحر وعلَّق نعليه بعصاه.

الملكة: وا حزنا... أيتها السيدة الرقيقة، ما معنى هذا الكلام؟

أوفيليا: أصغي متفضلةً وتبيني: مات وانصرف، مات وانصرف.

على رأسه عُشبٌ أخضر ورجلاه مشدودتان بحجر.

آها. آها

الملكة: لكن يا أوفيليا.

أوفيليا: أصغي متفضلة وتبيني (منشدة): كفنُهُ أبيضُ كَثلْجِ الجبال.

(يدخل الملك)

الملكة: وا أسفاه، انظر يا مولاي.

أوفيليا (منشدة ومتممة): مدبج بالأزهار الرقيقة، النَّديةِ بالدموع، التي ذهبت معه إلى القبر، خالصةً كَنَدى الحب.

الملك: كيف أنتِ أيتُها الآنسة الجميلة؟

أوفيليا: بخير حماك الله، نعرف ما نحن ولكن لا نعرف ما إليه نصير، كان الله على مائدتك.

الملك: إنها تفكر في أبيها... منذ متى وهي هكذا؟

أوفيليا: أرجو أن يتحسن كلُّ شيء. الصبر واجب، لكنني لا أستطيع الامتناع عن البكاء، حين أذكر أنَّهم غيبوه في وَحْشةِ الأرضِ، سيعلم أخي هذا. وإني لأشكر لكم حسن العزاء. إليَّ مركبتي. مُسِّيتُمْ بخير، أسعدتم مساءً.

(تخرج)

الملك: أَدْرِكْهَا عن كَثَب. وَأَحْسِنْ حراستها. (يخرج هوراشيو) هذا ما جرَّه عليها موت أبيها. أي جرترود، إذا جاءت المصائب لم تجيء فُرادى كالطلائع، بل جماعاتٍ كالجيوش، أبُوها توفي، وابنك سافر، بل أقول انتفى بإرادته، والشعب أخذ يُبْدي ما خامَرَهُ من الظنون السيئة بسبب مقتل بولونيوس، وأَحْسَبُنا لم نُصِبْ بدفننا إيَّاه سراً، وأوفيليا فقدت تلك الجوهرة العقلية التي لا يكون الإنسان بدونها إلَّا شخصاً آلياً أو بهيمة، ولايرتس أخوها قد عاد من فرنسا. مُسْتَخْفِياً، فأثَارَ الناس علينا، وطَفِقَ يهيِّئ لنا أمراً نُكراً (يدخل إلى الملك رسول ويدفع إلى الملك خطاباً يقرؤه). وهذا كتابٌ من هامْلِت، يقول فيه إن مركبه غَرِق، وإنه راجع عارياً ولا يذكر شيئاً عن رفيقيه، فيا لله ما أَكْثَر هذه الرزايا (يُسمع ضجيج).

الملكة: ما هذه الجَلَبَة؟

الملك: أين الحرس ليمنعوا الباب (يدخل رجل آخر مسرعاً) ما الخبر؟

الداخل: مولاي اخْتَبِئ مسرعاً. ليس البحرُ بأَشدَّ طغياناً من الجمهور الهاجمين على قصرك تابعين لايرتس. منادين به ملكاً.

الملكة: هم ينبحون سروراً. ولكنكم أخْطأتم شَمَّ الفريسة يا كلاب الدانمارك.

(ضجيج وراء المسرح)

الملك: قد حُطَّمَت الأبواب.

(يدخل لايرتس مسلحاً ووراءه جمع)

لايرتس: أين الملك؟ أيها السادة، وراءً، انتظروا خارجاً.

الشعب: بل ندخل.

لايرتس: أرجو أن تدعوا اليَ التصرف.

الشعب: ذلك إليك. ذلك إليك.

(يرجعون)

لايرتس: شكراً لكم... أُحرسوا الباب. أيها الملكُ الغاشم. أُرْجِعْ إليَّ
أبي.

الملك: هدِّئ من روعك يا لايرتس الشجاع.

لايرتس: لو هدأت قطرةٌ من دمي لآذنتُ بأنني لقيط، وأن أبي ذو قرنين،
وأن أمي الوفية الطاهرة جديرة بِأن توسم جبْهتُها النقية باسم العاهرة.

الملك: ما السبب الذي يحملك على هذه المُجَاهَرَة الكبيرة بالعصيان...؟
دعيه يا جرترود ولا تخْشَيْ علينا بأساً. إن من السحر السماوي ما يُحِيطُ
بالملوك إحاطة السياج المتين، فلا تتخطاه الخيانة، ولا تقوى عليه
عزيمة الغَدْر... قل يا لايرتس لماذا أنت حَنِقٌ إلى هذه الدرجة؟ دعيه يا
جرترود... انطِق يا رجل.

لايرتس: أين أبي؟

الملك: مات.

الملكة: ولم يكن للملك ذنب.

الملك: دعيه يسأل ما يشاء.

لايرتس: ومم تأتَّى موتُه؟ لا أريد حديثاً مُفْتَرَى، إلى النار الأمانة، وإلى الزبانية صدق الإيمان، إلى الهاوية الضمير والنجاة، زال مني خوفُ الهلاكِ السَّرمد. وعَدَاني الاكتراثُ لهذه الدنيا، وللدار الأخرى، ليكُنْ ما هو كائن، ولآخذن بِوتْرِ أبي.

الملك: من يستطيع أن يُثَبِّطَ من عزمك هذا؟

لايرتس: لا أحد سوى أنني لا أستطيع بأعواني وإن قلُّوا، أن أفعل كثيراً، وأمضي في شأني بعيداً.

الملك: أي لايرتس الباسل، إذا كنت راغباً في معرفة من أمات أباك، أفأنت كاتبٌ على نفسك فيما نَوَيْتَ من الانتقام له، أَنْ تُصِيبَ بسهم واحدٍ المحبينَ، والأعداء، والمغتالين، والأبرياء؟

لايرتس: إنما أبغي أعداءَه فحسب.

الملك: إذن تريد معرفتهم.

لايرتس: أمَّا محبوه فأَقصى أمانيَّ أن أفتَحَ ذراعي هكذا، وأن أَغْذُوَهُمْ من دمي، كما يفعل ذلك الطائر البليكان الذي إذا جاعت أفراخُهُ، أطَعمها أحشاءَه وهو حي.

الملك: الآن أنت تتكلم بلسان الولدِ البار، وقَلْبِ الرجل الشريف، وستعلم أنَّهُ لا يد لي في مقتل أبيك، بل إنني عليه حزينٌ جِدَّ الحزن، وسأريك بيناتِ ذلك، فتَقَعُ من نفسك مَوقعَ النورِ من عينيك.

الشعب (وراء المسرح): دعوها. دعوها تدخل.

لايرتس: ما هذا الصَّخَبُ؟ (تدخل أوفيليا بملابس الجنون، عليها زهور وأعشاب) يا أيَّتُها الحرارة، أَجِفِّي دماغي، ويا أيتُها الدموعُ السخينةُ ليذهب مِلحُكِ ببصري، تالله لأجعلَنَّ لجنونك ثمناً يميل بوِقرِه ميزانُ القضاء، أَيْ وردة «نيسان». أيْ بنيتي الحبيبة، أَيْ أُختي الشفيقة. أي أوفيليا الوديعة، أفي الإمكان يا رباه أن يصاب عقل فتاةٍ كما يُصاب عقل الشيخ الطاعن في السِّنِّ؟ هكذا تشهدُ الطبيعة للحبيب بخلوص مُحِبِّه، وترسلُ من خُلاصَتِهَا المجتمعة نفحةً إلى قلبه.

أوفيليا (منشدة): حملوه مكشوف الوجه في نعش. ترالا. ترالا. لا. لا وعلى ضَريحِه سالت دموع غِزار. ليلتك زاهرةٌ يا عُصْفوري.

لايرتس: لو سلم عقلك ودعوتني إلى الانتقام تحريضاً، أو تحضيضاً، لما أَثَّرْتِ فيَّ بعض هذا التأثير.

أوفيليا (منشدة): إلى الأرض، إلى الأرض ألقوا به إلى الأرض.

لايرتس: في هذا الجنون ما يرجّح على العقل.

أوفيليا (إلى لايرتس): هذا إكليل الجبل، ومعناه: تفكر. ثم هذه زهرة الثالوث ومعناها: تذكر.

لايرتس: إن في جنتها لعظات.

أوفيليا (مخاطبة الملك): هذا ثمارٌ لك، وقليل من كف مريم (مخاطبة الملكة) وهذه زهرة اللؤلؤ لكِ، كان بودي أن أعطيكِ طاقةً من البنفسَج، ولكنها

ذبلَتْ كلها حين تُوفي أبي، يقولون: إنه مات ميتةً صالحةً، (منشدة): لأن ذلك الفتى سَرور لقلبي.

لايرتس: الوسوسة، والكآبة، والألم، واليأس، كل إحساسٍ فيها يكتسبُ منها رِقَّةً وجمالاً.

أوفيليا (منشدة): لن يعود. لن يعود. لا. لا. قد مات. اذهب إلى فراش موتك. لن يعود. لن يعود. لحيته كانت بيضاء كالثلج، ورأسُهُ أُشقر إلى بياض. مضى. مضى. ونحن نبكي سُدَّى. لِيَرْحَم الله نَفْسَه. إلى الله أُصَلّي. ليكن الله معكم.

(تخرج أوفيليا ومعها الملكة)

لايرتس: أرأيتم مثل هذا، يا راباه!

الملك: أما الآن وقد خَلَوْنَا، فاعلم يا لايرتس أن قاتل أبيك هو هامْلِت، قتله لإساءَته الظن به، وللتوصل منه إلى من بعده، وإلحاقي به.

لايرتس: تبينت شيئاً من هذا الفعل، ولكن أنت مخبري. لماذا لم تعاقبه على ذلك الجُرْمِ العظيم، كما كانت تقتضي ذلك حكمتك، وكرامتُك، بل عظمتك، وسلامتك؟

الملك: أحجمت عن عقابه لِسببين: السبب الأول هو أن أمه لا ترى إلَّا بعينيه، وأنا من الحب لها بمنزلةِ الكوكب من دائرتِه، فلا مَنْصَرَفَ لي عنها، ولا بد لي منها. أما السبب الثاني فهو العامَّة تهواه هوى شديداً، وتغفرُ له خطاياه، بل تحولُها إلى بواعثَ للرضا عنه، والكَلَفِ به، فلو

رميت بسهامي، لَرَدَّها ذلك الهوى العاصفُ في وجه راميها (يدخل رسول الملك) ما خطبُ هذا الرسول؟ ما النبأ؟

الرسول: كتابان من هامْلِت هذا إلى جلالتك، وهذا إلى الملكة.

الملك: من جاء بهما؟

الرسول: نُوتِيَّةٌ لم أرهم، ولكن رآهم كلوديو.

الملك: لايرتس، سنسمع ما فيهما... دعنا (يخرج الرسول ويقرأ الملك): أيُّها السيدُ العظيمُ القدير، ستعلم أين ألقيت إلى شاطئ من شواطئ مملكتك عارياً، وسأستأذن غداً بالمثول بين يديك، وبعد الاستغفار منك عما كان، سأقص عليك غَرَائِب هذه العَوْدَةِ الوشيكةِ، غيرِ المظنونة.

هامْلِت

ما معنى هذا؟ أعاد وحده؟ أم عاد الآخرون معه؟ أم هي خُدْعَةٌ ولا صحة لهذا البلاغ؟

لايرتس: أعرفت الخط؟

الملك: خط هامْلِت، بلغَ البرَّ عارياً، وفي التذييل يقول: «وحدي». أترى لي في ذلك رأياً؟

لايرتس: تاه فكري في الأمر، ولكن دعه يأتِ فإن النارَ تتأجج بين جوانحي، وإني لأَستبطئ غداً على ظَفَري به، وهشْمي رَأْسَهُ، قائلاً له: «هذا جزاء ما فعلت».

الملك: إن كان هذا عَزْمَك، وما ينبغي أن يكونَ لك عزمٌ سواه، فأَرجو

أن تدع لي تصريفك في انتقامك.

**لايرتس:** طوعاً يا سيدي، على شريطة ألا تكلفَني عَتَاً، كأن تقضي عليَّ بالصلح مثلاً.

**الملك:** حاشا لي. إنما أبتغي الصُّلحَ بينك وبين نفسك، إذا صحَّ أن هامْلِت عائدٌ، وأنه مصرٌّ على الإقامة، فَإني لموردُهُ مورداً فيه هَلَكَتُهُ لا محالة، ولقد أحكمتُ لِذلك تدبيري بحيث إن مصرَعَهُ لا يجرُّ علينَا ملاماً من الجمهور، ولا يُثيرُ شبهةً في قلب والدته، فتحسبه مات مغلوباً، لا مَجْنياً عليه.

**لايرتس:** مولاي، سأمتثل راجياً أن تتخذني وسيلةً لقضاء ما أوحى إليك قلبك.

**الملك:** عرضٌ وافق طلباً. سمعتُ غير مرة في أثناء غيابك أنك فقْتَ سواك بضرب من البراعات، ورأيت هامْلِت لا تأخذُه الغَيْرَةُ منك، إلَّا حين تُذْكَرُ عنك تلك الفضيلة مع أنَّها في نظري ليست أعلى رتبةٍ من رُتَبِ الفَضائل.

**لايرتس:** ما تلك يا مولاي؟

**الملك:** حلية ولكنها مع ذلك نافعة، تتفق مع الخِفَّة ومع الوقار. زارنا فرنسويٌّ من نبلاء نورماندي يُجيدُ ركوبَ الخيل حتى لِيأتي بآياتٍ من الفروسية، فهو في صَهْوَةِ الجواد كأنَّهُ سَنَام للجواد. يقلب طرْفَهُ ما شاء، سَبْحاً، وقفزاً، وطيراناً، ولا تكادُ المبالغة تَفِي ببعضٍ ما يُبْدي من المهارة.

**لايرتس:** أكان نورماندياً؟

الملك: نعم.

لايرتس: لعمري هو «لامور».

الملك: إياه سميت.

لايرتس: أعرفه حق المعرفة، فهو فخر أمته في هذا الباب.

الملك: شَهِدَ لكَ ببلوغ الدرجة في الثِّقَاف، ولا سيما بالنَّصْلِ القويم، وقال: إن أبرع الأساتذة في قومه إذا واقفوك بالسيف، خانتهُم الرشاقة، وأخطأهم بجانبك صدقُ النظر. فهذا المديحُ مَشَى مِشْيَ السُّمِّ في نفس هامِلِت، وأصبح لا يتمنى إلَّا رُجُوعَك ليبارِزك. فبعد هذا؟

لايرتس: بعد هذا يا مولاي.

الملك: لايرتس، أكان أبوكَ إليك حبيباً؟ أم أنت وجهٌ يتراءى فيه الحُزن، وما وراءَه قلب؟

لايرتس: لِمَ هذا السؤال؟

الملك: لا لأنني أرتابُ في حبك لأبيك، ولكن الذي علمته هو أن الزمنَ يُوَلِّدُ الحبَّ، ثم الذي شهدته أن الزمنَ بعد حين يُلَطِّفُ من حرارته، ويكبحُ من جماحه... قد توجد في محور الاتقادِ من الحب ذُبَالة، هي التي في النهاية تُطْفِئُ ضِرامه، ولا شيءَ يبلغُ التمام، فيدومُ له، وإنما يُتَوَقعُ الزوالُ متى قبل تمَّ. إن الذي تريده يجبُ فعلُه حين الإرادة، وإلَّا أحاط بالمشيئة من آثار الأيْدِي، والألسِنَةِ، والحوادثِ، ما يُحَوِّلُ قولنا «نريد» إلى قولنا «ما كان أحرانا» وضررُ هذه العبارة، لا يقلُّ عن ضرر التَّنَهُّدِ الذي

يُرِفَّهُ عن صاحبه، ويُقْعِدُهُ عما نوىَ راضياً بعجزه، فإن شئت النُّجْح، فافعل حين الجرح مهتاج، والألم مشتد، هذا هامِلِت راجعاً، ماذا أنت صانع لنرى بالفعل لا القول، أنك ابنُ أبيك؟

لايرتس: سَأَجِزُّ عنقَهُ حتى في داخل الكنيسة.

الملك: لا يجدر مكان بأَنْ يكون حَرَماً يَتَّقَي فيه مرتكب القتل عقاب جِنَايَتِهِ. ولا ينبغي أن يكون للثأر حد، أَفتُطَاوِعُني يا لايرتس الشجاع؟ فافعل ما أوصيك به: الْزَمْ غرفتك، ومتى حَضَرَ هامْلِت دَسَسْنَا إليه من يصف له براعتك، ويُجِّدُ في نفسِه حَزَازَةَ الشهرة التي جعلها لك ذلك الفرنسويُّ، فهو عندئذ سيتحداك للمبارزة، وسينقسم الناسُ: فريقين، متراهنين على رأس المغلوب منكما، ولما كان هو مشتت الذهن، سَمْح النفس للغاية، خَلِيَّ القلب من كل غش، فهو لن يظنَّ سوءاً بالسيفين المعَدَّين للمبارزة، فَيَنْسى بلا حيلةٍ أَوْ ببعض الحيلة أن يتخيَّر النصل الذي لم يُفَل، وأن تَضْرِبَه بحذقٍ خفي تلك الضربةَ التي تستوفي بها ثَأْرَ أبيك.

لايرتس: سأفعل، وسأزيد على ذلك أن أدهن سيفي بدهانٍ قاتلٍ باعه لي أحدُ المشعوذين فإذا خُدِشَ به جسمٌ سرى فيه السم، ولم يدفع عنه القضاء بعلاج ولو عولج بأَنْدَر العقاقير التي ضوعفَتْ قوتُها بتأثير ضَوْء القمر، بهذا الطاعون سأُلوِّنُ شَفرَتي حتى إِذا وَخَزْتُهُ بها، ذَهَبَتْ بحياته.

الملك: ولا تنسَ أمراً آخر. قد يتفق أَلَّا ينفذ ما قصدناه، كما أردناه فَيُفْتَضَحُ إِذَنْ سِرنا، ويُنهِّتكُ سِتْرُنا، فلا بد لنا على ذلك من استعداد

ترتيب متمم، يكونُ موضعه من خُطَّتنا، موضعَ السَّاقةِ من الجيش، فإذا لم تُفلح التجربةُ الأولى، أفلحت بِلَا ريبٍ الثانية. مهلًا لِنَتَدَبَّر حلَّ هذا المعْضل. نراهن على كفاءةٍ كل منكما... وجدت. وجدت. إذا امتد القتال، وحُرِّزْتُما «أطِل العراك ما استطعت لِتُظْمِئَهُ» سآمر بكأسٍ، مهيئةٍ من قبل. فإن رَشِفَ منها رَشْفَةً كفانا السُّمُّ الزعافُ بقيةَ القتال، لكن صِهٍ. ماذا أسمع؟ (تدخل الملكة) أى شيء جرى يا مليكتي؟

الملكة: لا تأتي المصائب إلَّا تِباعاً، أختك غَرِقَت يا لايرتس.

لايرتس: ويلاه غَرِقتْ، وأين غَرِقتْ؟

الملكة: على ضِفَّةِ النهر صفصافةٌ تتراءَى في الماء، مرت بها أوفيليا بعد أن جمعَتْ من النبات على اختلافِ صُنُوفه وألوانه أسباباً مستطيلةً أرادت أن تُحلِيَ بها الأغصان المتدلية من الصفصافَةِ، فلما تعلَّقَتْ بأحدِ تلك الغصون وهي تنوط به تلك الزِّينة انْقَصفَ بها، فسقطتْ في النهر، وَطَفَتْ حِيناً لانتفاخ ثِيابِهَا بفعلِ الهواء، كأنها مَلَكٌ محمولٌ على وجه الماء، ثم غَرِقَتْ. يا لَهَفي عليها! انقطع ذلك الصوتُ العذب، وانقطعَتْ في الصلصال تلك الأَناشيدُ، وتلك الألفاظ الشجيةُ التي كانت تُطْرِبُ بها الأسماع.

لايرتس: يا لَلأَسى! ماتت غريقة.

الملك: غريقة! غريقة!

لايرتس: يا دموعي انْطَلِقي من محاجِري، ولا تَحْبِسكِ الكبرياء بعد هذه الكارثة الدَّهْمَاء، أستودعكَ الله يا مولاي، أشعُرُ بالنار تَشُب في كَبِدي، وأخشى إن بَثَثْتُها أن تُطفِئَها دُمُعي.

(يخرج)

الملك: لنتبعه يا جرترود. لقد كابدتُ ما كابدتُ في تسكين ثائِرِهِ وأخشى
أن يجِدَّ ما يستفزه، فلنتعقَّبه ذلك أحزمُ، وإنَّ الحذر أمثلُ بنا وأحكم.

# الفصل الرابع

## المشهد الأول

مقبرة


(فلاحان بفأسيهما)

الفلاح الأول: أتعْرف من هو أثبت بنياناً من الحَجَّارِ، والنجار، وصانع مُنْشآت البحارِ؟

الفلاح الثاني: أظُنُّهُ صَانع المشنقة؛ لأن المِشْنَقَةَ تبقى بعد زوالِ آلافٍ من الذين يَأُوونَ إليها.

الفلاح الأول: أحسنت المِشنقة بمجيئها هنا.

الفلاح الثاني: وهل تُحسن المشنقة؟

الفلاح الأول: نعم تُحسن بأنها تضَعُ حداً للمسيئين، وإساءَاتِهمْ.

**الفـلاح الثـاني:** زِهٍ. زِهٍ. نكتة بنكتة. سَأَمضِي إلى «يُجِهـان» وأُحضرُ زِقاً من الشراب.

(ينصرف ويظهر هامْلِت وهوراشيو)

**الفلاح الأول (مغنياً):** في شبابي كنت أهوى، وكان الهوى عذاباً يُختصر الوقت «هوب هولا» ويُحَلِّيه، أما الآن فالشيخوخَةُ تنهاني، كفاني.

**هامْلِت:** أَلَا يشعرُ هذا الفتى بما هو صانع؟ يتغنَّى مع أَنَّهُ مُحْتَفِرٌ قبراً.

**هوراشيو:** العادة أولدَتْ عنده عَدَم الاكتراث.

**هامْلِت:** لا ريب في هـذا. اليـد التي تعمـلُ قليـلاً تكون أَدَقَّ حساً، وأرق لمساً.

**الفلاح الأول (مغنياً):** السِّنُّ فاجَأَتني من حيث لا أَدري فأَوْهَنَتْ قواي وقَذَفَتْ بي إلى الأرض.

(يُخرج جمجمة ويقذفها)

**هامْلِت:** كان لهذا الرأس قديماً لسان، وكان يُغني، أنظر إلى هذا الممتهن يُلقيه بامتهان، كيف إذن قذفُه إياه لو كان رأسَ «قابيل»؟ أَمَا يُحتمل أن صاحب هذه الجمجمة كان سياسياً عظيماً؟ أو كان ربَّ صولة، ودولةٍ عليه لمحة من عِزَّة رب العالمين؟

**هوراشيو:** يُحتمل كل ذلك.

**هامْلِت:** وهـذا الحمار يحـذف بها كما يحذِفُ اللاعِبُ بالأُكَر التي لا قيمةَ لها.

الفلاح الأول (مغنياً): فأسٌ للحفر، وكفنٌ للغطاء، وحفرةٌ في التراب. نِعْم المنزل.

(يُخرج جمجمة أخرى)

هامْلِت: ألا تكون هذه جمجمةَ رجلٍ من رجال المحاماة؟ أين الآن مُلابساتُهُ ومغالطاتُهُ؟ أين مسائله الواقعية؟ ونقَطُهُ القانونية؟ لماذا يَصْبِرُ على إهاناتِ هذا الوغد ولا يقاضِيه على اعتدائه عليه ضَرْباً أو جرحاً؟ بل ربما كانت هذه جمجمة واحد من الجمَّاعينَ للدنيا، الشَّرَّائين للعقار. أين الآن عقودُهُ، وإقراراتُهُ، وضماناتُهُ. أهذا آخرُ حقٍّ أفْضَتْ إليه حقوقه؟ أهذا تحصيلُ كلِّ حاصلٍ سلفاً له؟ ونهاية الدَّقة في دماغه أن يُخْشَى رأسه تراباً بهذه الدَّقة. ألم تُعْفِهُ ضماناته المفردة، أو المزْدَوَجَة من هذا الضمان الخِتَامي الهائل؟ أيَسَعُهُ هذا المكان وهو يُوشِكُ ألَّا يَسَعَ حجج مملوكاتِه أمَّا من مزيدٍ فيعطاه؟

هوراشيو: ما من مزيد.

هامْلِت: سأُكَلِّمُ هذا الرفيق، أنْتَ يا رجل. لمن هذا الضريح؟

الفلاح الأول: لإنسان.

هامْلِت: أرجل هو؟

الفلاح: لا

هامْلِت: امرأة هو؟

الفلاح: لا

هامْلِت: إذن لمن؟

الفلاح: لمخلوقة كانت امرأة... هي الآن مَيَّتَة. يرحمها الله.

هامْلِت: كم يبقى الجسمُ في الأرض قبل التَّعَفُّن؟

الفلاح: إذا لم يتعفن قبل الوفاة بمرضٍ من تلك الأمراض الزُّهْرِيَّةِ، أو نحوها، يجوز أن ينحفظَ ثمانِي سنين، فإن كان من الذين احترفوا الدِّباغة، فقد يَنْحَفِظُ عشرَ سنين.

هامْلِت: وما فضلُ الدَّبَّاغ على غيره؟

الفلاح: الصبغُ يقوِّي جلدَه، إليك يا سيدي: هذه جثة، أَقَامَتْ ثلاثاً وعشرين سنة.

هامْلِت: لمن كانت هذه الجمجمة؟

الفلاح: أتعرف من كان هذا اللقيط ابن الفاعلة؟

هامْلِت: لعمري لا.

الفلاح: هذا يورك الذي كان مُضْحِك الملك.

هامْلِت: أهذا؟

الفلاح: أجل. أجل.

هامْلِت: أرنيه (يأخذ الجمجمة) وا أسفاه «يورك» المسكين، كان وَارِيَ البَادِرة دانِي النَّادِرة، حملني على ظهره آلافاً من المرار، والآن آنفُ أن أدنو منه. أين مِزاحك الآن؟ ومهاتراتُك، وأناشيدك، ومباسطاتك؟ قل يا هوراشيو.

هوراشيو: ما أمْرُ مولاي؟

هامْلِت: أهكذا وجهُ «الإسكندر» بظنك؟

هوراشيو: لا شك.

هامْلِت: وهكذا رِيحه.

(يضع الجمجمة)

هوراشيو: بلا شك.

هامْلِت: يجوز لو تتبعنا التحوُّلَ بنظر الفكر أن نرى «الإسكندر» على جلالته أو «قيصر» على عظمته، حَفْنَةً من تراب سُدَّت بها ثَغْرَةٌ في حائط، أو قِطعةً من خشب رُئِبَ بها صَدْعٌ في بِرميل جِعَة، ولكن رويداً، رويداً، هذا الملك وهذه الملكة، وهذا لايرتس، إنه لشاب شريف يا هوراشيو جِنَازَةُ مَن هذه؟

(يمر من المسرح الملك والملكة ولايرتس وقِسِّيس)

لايرتس (مخاطباً القِسِّيس): أهذا كل ما سمحتم به من رسم الاحتفال؟

القِسِّيس: هذا آخرُ ما يُستطاعُ في دفن فتاةٍ هي قاتلةُ نفسِهَا.

لايرتس: اعلم أيها الرجل أنها مَلَكٌ عاد إلى السماء، وما به حاجةٌ إلى تَكرِمَاتِ الأرض. لِتُودَعْ في قبرها، ولتنبُتْ على ترابها آلافُ من زَهرِ البنفسَج، طاهرةَ الطِّيبِ، نقيةً من العيب مثلها، أسفي يا أوفيليا!

هامْلِت: ويلي! أَ أوفيليا؟

الملكة: كنتُ أرجو أن تكوني عروساً لابني هامْلِت، لا أن تتبدلي من مَهْدِ السرور بهذا القرارِ المهجور. (تُلقي أزهاراً) الجميلات للجميلة، والعفيفات للعفيفة.

لايرتس (جاثياً): أي أختي، لئن لقيتُ الذي جَنَى عليكِ هذه الجناية، لأُوَدِّبَنَّهُ- وهَوَاكِ- إلى أن تزدجر الأَحياءُ، ويُراعَ سكانُ القبور.

هامْلِت (هاجماً اليد): من ذا الذي يُسمِعُ أنينهُ السماء، وتوشك الكَواكِبُ أَنْ تَقِفَ مذعورةً لوعيدِه، أنا هامْلِت الدانماركي.

(يقفز إلى القبر)

لايرتس (قابضاً عليه): إلى الشيطان روحُك الشريرة.

هامْلِت: إنك لا تحسن الصلاةَ هكذا عن رُوح أختك. أُرْدُد أصابعَك عن عُنُقِي، واحذَرْ شيئاً خطراً يفاجئُك مني.

الملك: فَرِّقوا بينهما.

الملكة: هامْلِت هامْلِت.

هامْلِت: إني مقاتِلُهُ من أجل هذا السبب، حتى تَأْبى جفوني أَنْ تتحرك.

الملكة: يا ولدي، ما هو ذلك السبب؟

هامْلِت: هو أنني كنت أُحِبُّ أوفيليا حباً لا يلغه مجموع الحبِّ في أربعين ألفاً من الإخوة.

الملك: دعه يا لايرتس. هو مجنون.

**الملكة**: أسألك بالله أن تدعه.

**هامْلِت**: أرِني ما تريد. أتبتغي البكاءَ فأَبْكِي معكِ، أم القتالَ فأقاتلك، أم تجوع فأُجَاوعك، أم تشربُ الخل أم تأكل تِمساحاً، إني لفاعل كل ذلك، يا لَلْفتى! كنت أحبه وما أدري لماذا يعاملني هكذا؟ لكن الهر سَيَمُوءُ، والكلب سينالُ أيضاً نصيبَه.

(يخرج)

**الملك**: أرجو يا هوراشيو أَلَّا تفارقه (يخرج هوراشيو). (مخاطباً لايرتس) تجلَّدْ واثبُت على ما دبَّرْناهُ في الليلة البارحة، إني منذ الساعة لشارعٌ في الأمر، يا حبيبتي جرترود مُري بمراقبةِ ولدك، ستأتي ساعة الراحة وإن الصبرَ لكفيل بالظفر.

(يخرجون)

118

# المشهد الثاني

## ردهة في القصر


هامْلِت وهوراشيو... يدخلان


**هامْلِت:** لم أكدْ أبلغُ السفينة، حتى شغلت الرقيبين ببعض الضرورات التي خلقْتُها لساعتها، وتسللت إلى موضع سرهما، فتلمَّستُ طريقي حتى اهتديت إلى مَثْوَاهُمْ، فاحتملت مِلَف الورق من مخبئهُ، وعدتُ أدْراجي فإذا... ويا لبراعة الملوكِ متى أمسوا مجرمين!! فإذا أمرٌ في الملف صادرٌ إلى ولي الأمر في إنجلترا بقتلي، بقطع رأسي بالفأس منذ وصولي، ثم توكيدَ ذلك باستخلاف، ووعد، ووعيد، ثم تأييدٌ لذلك.

**هوراشيو:** أهو كما تصف؟

**هامْلِت:** إليك الرسالة، اقرأها حين يتسع وقتك لها، ثم، أتعلم ما صنعت؟

**هوراشيو:** يشوقني أن أعلم.

**هامْلِت:** جلست من فوري مُحَبِّراً ومحرِّراً فكتبت بِأَحْسَنِ خطي رسالةً

أخرى، مشيراً إلى الرغبة في دوام السلام، واستمرار الوئام، مُسْهِباً في بيان المنافع التي تنجُمُ عن ذلك للدولتين، وتشمل ببركاتها الأمتينِ، بألفاظٍ تكاد لكثرتها تُوقِرُ الحمار، ذكرتُ في نهايتها الغرضَ المرمي إليه: وهو الخَتمُ والتشديد على وليِّ الأمر حين وصولِ الرسولين الحاملين إليه رسالتُنا أن يقطع رَأسيهما بلا إبطاء، ولا يمنحَهُما وقتاً لاستغفار ربهما عن عظيم ذنبهما.

**هوراشيو:** وكيف وجدت الطابَعَ لختم الرسالة به؟

**هامْلِت:** لكل حالة حيلة، لا يُفارقني خِتمُ «أبي» وهو على مثال الطابَعِ الدانماركي الكبير فإيّاه استعملت، ثم لفَفتُ الدرجَ الجديدَ في المِلَفِّ القديم، وتركته لهما يحملانه إلى حيث، ولما أقْلَعَتْ بنا السفينة غيرَ بعيد فاجأنا القراصنة الذين عادوا بي آمناً إلى موطني كما علمت.

**هوراشيو:** وماذا عن روزنكرنس وجيلد تشترن؟

**هامْلِت:** أوصيت رجال السفينة- وهم رجالي- بحملهما إلى إنجلترا مكرَهَينَ أو مغلُولَيْن إن خالفا ذلك ليقوما بالسِّفارة التي تَفانَيَا نفاقاً وإثماً في سبيلها.

**هوراشيو:** وا حرّ قلباه من ذلك الملك المملَّك علينا!

**هامْلِت:** ألست الآن مطَّلعاً على أخفى سرائره؟ ما قولك في ذلك الذي قتل أبي؟ وأفْسَدَ أمي؟ وحال بالانتخاب بيني وبين تحقيق آمالي، وألقى أشراكه ليودي بي بخبث، ناهيك به من خُبث؟ ألا يوجبُ عليَّ العدل والضميرُ أنْ أقتُلَهُ بيدي هذه، فأُنقِذ البلاد من علة صائرةٍ بها إلى الدَّمار؟

**هوراشيو:** عمّا قليل سينمى إليه من إنجلترا مآل صاحبيك.

**هامْلِت:** أنا وليُّ الوقت ريثما يعلم، وإنما حياته بي عدِّ واحدٍ فواحدٍ، لكنني آسف كل الأسف يا صديقي هوراشيو على ما فَرَطَ مني في حق لايرتس، وإنما شأنُهُ أشبَهُ بشأني، وقد ظلمته فلا بدَّ لي من ملاينته واستعطافِهِ، وما استفزني عليه إلا تبجُّحُهُ في حزنه.

**هوراشيو:** صه. أسمع قادماً.

(يدخل أوزريك)

**أوزريك:** أرفع إلى سيادتكم تَجَلَّتي، وتهنئتي بعَوْدِكم إلى الدانمارك

**هامْلِت:** شكراً لك يا سيد، أتعرفُ هذا اليعسوب؟

**هوراشيو:** لا يا مولاي الكريم.

**هامْلِت:** أنت في نعمةٍ من جهلك به، يملك أرضين واسعةً خِصْبة، ولو كان سيد البهائم بهيمةً كسائر رعيته لوُجد فكُّ هذا الآكل على مائدته كل يوم، يتكلم كالبَغاءِ بلا عقل، ولكنه يَمْشي في طِيَّتِهِ بعيداً

**أوزريك:** مولاي المتفضل، إن سمح لي جودكم بالكلام أبلغتكم شيئاً من قِبَلِ الملك.

**هامْلِت:** سأمثل الأمر وشيكاً يا سنيور. أنزُل قبعتك في منزلها من رأسك.

**أوزريك:** حمداً لسيادتكم، ولكن الحرَّ شديد.

هامْلِت: بل الهواء بارد، والريح هابَّة شمالاً.

أوزريك: أجل يا مولاي الهواء بارد.

هامْلِت: وكأنني أشعرُ بالحرِّ. أفيكون هذا من اختلاف بنْيتي؟

أوزريك: الحرُّ يا مولاي غايةٌ في الاشتداد، أمرني الملك بإبلاغ سيادتكم أنَّهُ خاطَرَ على رأسكم بِرهان كبير... وهو...

هامْلِت (ملحاً عليه بلبس القبعة): أسألك ذلك. لا تنس أن الرأس منزلُ القبعة.

أوزريك: لن أفعل يا مولاي... أرْوَحُ لي أن أبقى حاسراً بحضرتكم أقسم بذلك. تعلمون يا مولاي أن السيد لايرتس قد قَدِم إلى البلاط، وهو شاب رشيق، شجاع، مكمل، يعد عُنواناً في صحيفة المجد.

هامْلِت: خلِّ عنك إيفاءَه بعضَ حقه من المدح، فليس هذا يا سيدي بمستطاع. أتُعَدِّدُ صفاتِهِ؟ ذلك ما لا تحيط به الأرقام التي تسعها الذاكرة. إنه بلا مغالاة نَسيج وحده، ولا نظيرُ له إلَّا في مرآتِهِ.

أوزريك: مولاي يصفه حقَّ وصفه.

هامْلِت: ولكن ما الشأن الذي جئتَ له يا سنيور؟

أوزريك: فأما وسيادتكم لستم جاهلين.

هامْلِت: أشكر لك هذا الرأي، وإن كان لا يَزيدْني كَرامَةً.

أوزريك: ما تقول يا مولاي؟

**هوراشيو**: نَفِذَ كلامُ التَّمليق، فهو لا يحسنُ كلاماً.

**أوزريك**: فأما وسيادتكم لستُم جاهلين قَدْرَ لايرتس.

**هامْلِت**: أخشى أن أجهل عظيمَ قدرهِ؛ لأن الإنسان لا يجهل مِنْ سواه إلا ما يجدُه في نفسه.

**أوزريك**: إنما أتكلم عن بَرَاعَتِهِ في تقليبِ السلاح، دونَ سائِرِ مَحَامِده.

**هامْلِت**: أي سلاح تعني؟

**أوزريك**: السيف والبلطة.

**هامْلِت**: هما إذن سِلَاحَانِ من أسلحته، أنْعِمْ وأكْرِمْ.

**أوزريك**: وقد خاطره الملك على ستةِ جيادٍ مطهمة في مقابلة ست بلطاتِ وخناجر فرنسوية، هي غايةُ الغاياتِ في الإتقان، والرِّهَانُ يا سيدي على أن لايرتس لا يكسِبُ منك ثلاث مُثاقفات في اثنتي عشرة مواقفة تتوالى بينكما، أتتكرم سيادتكم بإجابته عن هذا الاقتراح؟

**هامْلِت**: حتى لو قلت لا؟

**أوزريك**: إنما قصدي الإجابة عن الاقتراح بِمَعْنى ما إذا كنت تتنزل للقبول أو لا.

**هامْلِت**: سأتمشى هاهنا مُهْلَةَ ما يجيء الملك، وإذا ما بقي جلالته مُصِراً على مخاطَرَتِهِ، فليأمر بالسيوف فيؤتَ بها، وسأجهد أن أكسِبَه الرهان، لِئلَّا أعود بالعار والضربَات الأليمة.

**أوزريك**: أأنقل عنك هذا الكلام؟

هامِلِت: في هذا المعنى يا سيد مع ما تَسْتَحِبُّ من التحلياتِ التي يوحيها إليك التفوُّقُ في التزويق.

أوزريك: رهين بالخدمة يا مولاي.

(يخرج)

هامِلِت: بين يديكم، بين يديكم. هذا متملق مزوَّق أوشك أن يُقرِّظ مُرْضِعَهُ قبل أن يبتدئ الرضاع، وما أكثَرَ أمثالهُ من المنافقين في هذا العصر. مظاهر متعارَفَة. وجُمَل محفوظة، جعلت عناوين الأدب، وإن هي إلَّا نفاخات هوائية إذا مرت بها النَّسمة أنفقت تِبَاعاً. (يدخل رجل من البطانة).

القادم: مولاي، قد أبلغ أوزريك الملك أنك تنتظر في هذه الرَّدْهَةِ، فأَرْسَلَني لأتحققَ مما إذا كنتَ صحيحَ العزم على تلك الموافقة، أو تُؤْثِرُ إِرجاءَهَا.

هامِلِت: أنا ثابتٌ في عزائمي، وهى تَبَعٌ لرضا الملك، ما على مشيئته سوى الإشارة، وما على مشيئتي سوى الامتثال الآن، أو بعد الآن، على أنْ أكُونَ حينئذٍ مستعداً كما أنا في هذا الحين.

القادم: سيحضر الملك والملكة والبطانَةُ بِأَسرِهَا.

هامِلِت: على الرحبِ جَميعهم.

القادم: الملكة ترغب إليك في مخاطبة لايرتس قبل المبارزة بكلمات طيبة، تجبُرُ صَدْعَ قلبه.

هامْلِت: كرامةً لنصيحتها.

(يخرج القادم)

هوراشيو: ستخسر هذا الرهان يا مولاي.

هامْلِت: لا أظن، ما زلت أروض يدي منذ سافر إلى فرنسا وسأكسب، إن بي في هذا الجانب لألماً شديداً فوق ما تَتَصور، ولكن ماذا يهم؟

هوراشيو: الوقت لم يَفُتْ.

هامْلِت: هو استشعار لا يجدُرُ بالتأثير إلَّا في نفوس النساءِ وقد زال.

هوراشيو: إن كانت نفسك متأبِّيةً أمراً أطِعْها، ويسعُني الابتدار إليهم وإبلاغُهُمْ أنك غير متأهِّب.

هامْلِت: أَقِمْ فلا طِيَرَةَ ولا شؤم، لا تسقُطُ ريشةٌ من طائرٍ إلا بإذنٍ من رَبِّ السماواتِ، إن كانت الساعةُ قد دنَتْ، فلا رادَّ لها، وإلا فهي آتية يوماً لا محالة، العبرة بالاستعداد للقاءِ الله، هل على المرء الذي يفارق ما لا يعرف، أَنْ يجزع إذا عَجَّلَ بالفِراق.

(يدخل الملك والملكة ولايرتس والبطانة وأوزريك وخدم)

(الملك يضع يد لايرتس في يد هامْلِت).

هامْلِت: اغفرْ لي يا سيدي إهانتي لك غُفرانَ المسماح، النبيل، هؤلاء الأَشْهَادُ يعرفون- وقد تكون علمت كما علموا- أنني أُصِبْتُ باختلالٍ

125

في قوى العقل، فكل ما فعلته مما يَمَسُّ إحساسَك، أو شرفَك، ويستدعي قسوتَك وجفاءَك، فإنني أُعلن هاهنا أنه من الجنونِ لا مني. أ هامْلِت هو الذي خَدَشَ كرامة لايرتس؟ إن كان هامْلِت الذي به خبال. فنعم، وإن كان هامْلِت السليمَ العقل فلا، وليس لـ هامْلِت المسكين من عدو ألدّ من جنونه، فيا سيدي إني بِمَسْمَع وَمرأى من هذه الجماعة، أَنْبِذُ كلَّ نية سوءٍ في حقك، وأتقدمُ إلى نفسك الكريمة الطاهرة بطلب الصفح عما لم يرضِك مني، وما أنا إلا رامٍ سهماً من وراء بيت أخطأ سهمه، فأصاب أخاه.

لايرتس: لقد أرضاني هذا الإقْرَارُ إرْضَاءً وافياً بمرام من قلبي، فلم يبقَ بي أَدْنَى نُزُوع إلى الانتقام، غير أنهُ بقي علينا أن نقوم بما يقتضينا الشرف من المبارزة، وأُريدُ أن يشهَد الشهُود العدول، أنني لم أفعل ما يُدَنَّسُ به اسمي، فأنا الآن أواقفك وقلبي صافٍ، وودادي كأُخْلصٍ ما كان.

هامْلِت: أَتَلقى بانشراح هذا البلاغ الكاشفَ عما في ضميرك القديم، فهلم نقضِ ما يوجبه علينا هذا الرِّهانُ الأَخَوي. إلينا بالسيوف، (يتناولان السيفين) سَتَسْطع مهارتُك الآن سطوعَ الكوكب في الليلة الدَّهْماء.

لايرتس: تسخر مني يا سيدي؟

هامْلِت: لا ويميني.

الملك: أعطهم السيوف يا أوزريك. ابن أخينا هامْلِت، هل تعرف الرهان؟

هامْلِت (مخاطباً الملك): نعم يا مولاي، قد جعلت الخطر الأكبر منوطاً

بالساعد الأضعف.

الملك: لا أخشى بأساً. أعرف كليكما.

لايرتس: هذا السيف ثقيلٌ على ساعدي. أعطوني غيرَه.

هامْلِت: هذا يلائم يدي... هل طول السيفين واحد؟

(يتأهبان)

أوزريك: أجل يا مولاي الكريم.

الملك: ضعوا قواريرَ الشراب على هذه المائدة، فإذا فاز هامْلِت في الثلاثِ الأول فلتُطْلَق المدافع، سيشرَبُ الملك نخبَ هامْلِت، ريثما يستريح هامْلِت من تعب المواقفة الأولى وسيجعل الملك في الكوب أنفس لؤلؤة في تاج الدانمارك منذ أربعةِ عهود... قَدِّموا الأكواب، ولْتُقْرَع الدفوف، ولتعزِف كل آلةٍ عَزوف، وليقصف كلُّ رعَّادٍ قصُوف، إيذاناً للسماء والأرض بأن الملك يشرَبُ في صحة هامْلِت، أنتما ابتدئا، وأنتم أيها الشهود، راقِبُوا بتدقيق.

هامْلِت: اشرع يا سيدي.

لايرتس: اشرع يا مولاي.

(يبتدئان)

هامْلِت: واحدة.

لايرتس: لا. لا.

هامْلِت: احكموا.

أوزريك: طعنة ظاهرة.

لايرتس: قَبِلت. لنستأنف المبارزة.

الملك: مهلاً فاشرب، أي هامْلِت إليكَ هذه اللؤلؤة. أعطوه الكوب.

(تُقرع الطبول وتُطلق المدافع)

هامْلِت: أريدُ أن أتمم هذه المواقفة أولاً. ضعوا الكأس بجانب... هيا. (يستأنفان) واحدة ثانية.

لايرتس: لمست. لمست. أقِر بذلك.

الملك: سيفوز ابننا.

الملكة: هو بادن وقصير النفس، تعالَ يا هامْلِت وخذ مِنديلي، فامْسَحْ به جبينَك، الملكة تشرب في فوزك يا هامْلِت.

هامْلِت: مولاتي العزيزة.

الملك: جرترود لا تشربي.

الملكة: سأشرب يا مولاي، وَأرجو المعذرة.

الملك (منفرداً): كرعتْ من الكأس المسمومة، قُضي الأمر.

هامْلِت: لا أجرؤ أن أشرب إلّا بعد هنيهة. عفواً مولاتي.

الملكة: تعالَ... دعني أمسح وجهك.

لايرتس: مولاي الآن سأصيبه.

الملك: ما أظن.

لايرتس: سأفعل على الرغم من ضميري

هامْلِت: دوننا الثالثة. أراك تلاعب ولا تُثَاقف. أرجو أن تبذُلَ جهدك،
ولا تعاملني كالطفل.

(يستأنفان)

لايرتس: أتظن ذلك؟ هلمَّ.

أوزريك: لم يمسس أحد.

لايرتس: إليك الآن.

(لايرتس يجرح هامْلِت، ويتبادلان السيف، وهامْلِت يجرح لايرتس)

الملك: فَرِّقوهما... لقد احتدما.

هامْلِت: لا... بل نستأنف.

(يُغمى على الملكة)

أوزريك: انظروا إلى الملكة. أوَّه

هوراشيو: كلاهما يقطُرُ دماً... كيف أنت يا مولاي؟

أوزريك: كيف أنت يا لايرتس؟

لايرتس: أوزريك، أخذت بفخِّي كدَجَاجة الماء، سأموت بخيانتي.

هامْلِت: كيف الملكة؟

الملك: أغمي عليها لما رأت الجراح والدم.

الملكة: لا. لا. بل الكوب. الكوب. أي حبيبي هامْلِت. الكأس. الكأس. أموت مسمومة. (تموت).

هامْلِت: يا لَلْجريمة! هيا اقفلوا الباب. خيانة. اكتشفوا الخيانة.

(يقع لايرتس)

لايرتس: إليك سرُّها: هامْلِت إنك لقتيل، ولن يجديَ معك دواء. ستعيش نصف ساعة، إن طال أجلُك، ثم تقضي نَحْبَك، وإنما الأداةُ القاتلة هي التي لم تزل بيدك، وأنا قد أُخِذْتُ بحيلتي الدنيئة، وإني لهالكٌ بها. لن أُقَالَ من هذه العثرة، أُمُّكَ شربت سُماً، خارت قواي، الملك، الملك هو المجرمُ الأثيم.

هامْلِت: أهذا هو النصل المسموم؟ إذن أيها السم الزُّعاف، افعلْ فِعْلَك.

(يطعن الملك)

أوزريك والأعيان: خيانة. خيانة!

الملك: أوه، دافعوا عني يا أصحابي... لست إلّا جريحاً.

هامْلِت: تناول أيها الملك السفاحُ السفاك الدم، أهنا تلك اللؤلؤة الشائقَةُ لؤلؤة العهد؟ ابتلعها، اشرَبْها والحقْ بأُمي.

(يموت الملك)

**لايرتس**: أصاب ما هو أهلُه، هذا السم مُهَيَّأً بيده، لنتصافح ويغفر كلُّ منا لأخيه، عفا الله عنك من قتلي وقتل أبي، وعفا عني من جِنايتي عليك.

(يموت)

**هامْلِت**: ليغفر لكَ الله، إني تابعك، دنا أَجَلي يا هوراشيو، أيتُها الملكةُ التاعِسَةُ وداعاً، وأنتم أيها الشاهدونَ هذا المشهد، شاحِبي الوجوه، خُرساً من الكَمَدِ وإنما الموت جلوادٌ مُحْضِرٌ، جافٌّ، ودقيق في إنفاذ أحكامه، لكن لندع هذا. هوراشيو، أنا مقضي عليَّ وأنت حيٌّ، صحح رأيَ الجمهور في سيرتي، ودافعْ قولَ المخالفين في قضيتي.

**هوراشيو**: لا يا سيدي، إن في جنبيَّ قلبَ روماني قديم، لا دانمركي حديث، وفي الكأس بقية.

**هامْلِت**: إن كنت رجلاً أعطني هذا الكأس. دعها بالله وكن بعدِي يا هوراشيو، فإن خالفتَني جَهِلَ الناسُ الحقيقة، وقد يُخطئون في محاكمة ذكراي، لئن كان إخلاصُك لي ما عهدتُه، تأخرْ عن وُرُودِ السعادةِ الخالدةِ حتي تقُصَّ قصتي، وتدرأ الشُّبَهَ عني (يُسمع سلام عسكري وراء المسرح) ما هذه الجلبة العسكرية؟

**أوزريك**: هذا فورتنبراس وقد عاد من بولونيا بالغاً ما شاء من الفوز، يحيي بمدافعه سفراء إنجلترا.

**هامْلِت**: هأنا مائت يا هوراشيو، إن هذا السمَّ بفعله الشديد قد شتَّت أفكاري، لن أُحيَا لأستمعَ الأخبارَ الآتية من إنجلترا، لكنني أتنبأ أن فورتنبراس سيُنْتَخبُ ملكاً على هذه الديار وأنا أعطيه صوتي قبل وفاتي.

أبلغه ذلك وفصِّل له الأحوال، والبواعث التي دعت إلى ما جرى، والباقي قد دخل في ولايةِ السكوتِ السَّرْمَد.

(يموت)

**هوراشيو:** هذا قلبٌ شريفٌ قد انفطر، نمْ مَلِياً يا أميريَ المحبوب، ولْتَحْمِلْ جِسْمَكَ إلى السماء أسرابٌ مترنمة من الملائكة (يُسمع السلام وراء المسرح) ولكن لم يقترب (يدخل فورتنبراس وسفراء إنجلترا وآخرون).

**فورتنبراس:** أين ذاك المشهد؟

**هوراشيو:** ماذا تبتغي. إن كان المُبْكي والمذهلُ هو ما توخيت رؤيته، فلا تَجُزْ هذا المكان.

**فورتنبراس:** يا لَكِبْرِيَاءِ الموتْ! ما هذه الوليمة التي هيأتها أيها القضاء، بضرْبةٍ واحدة من أشلاءِ الملوك والأمراء في كهفك الخالد.

**أحد السفراء:** هذا المنظر بَشِعٌ رائع، ونحن الآن لا ندري إلى من نُبلغ ما جئنا من أجْله، فإن أمرَ الملكِ قد أُنفذ في الرسولين روزنكرنس وجيلد تشترن كما أراد.

**هوراشيو:** قد هلكا في رسالة مخطأة، ولكن أبتهلُ أن تُصغُوا إليَّ جميعاً، لما كنتم قد اجتمعتم هنا بحكم الاتفاق، أنتم أيُّها القادمون من بولونيا وأنتم أيها القادمون من إنجلترا فجديرٌ بكم أن تأمُروا من فوركم بحضور وجوه المملكة، وكبار سَرَاتِها، إلى المدرج المجاور لهذا المكان، لأبسُط لهم ما كان من الحوادِثِ التي أفْضَتْ إلى هذِهِ النهاية الأليمة، بحيث يُعْطَى

كلُّ حقّه من مدحٍ أو ذمٍّ ويمتنعُ الجَور في الحكم.

**فورتنبراس:** هلمَّ نسمعْ بيانه ولِيُدْعَ عظماء المملكة وشيكاً، أما أنا فإنني أَقبلُ بأسف ما آل إليَّ من السعد، فإن لي على هذا العرش حقوقاً لا تُجْحَد، وأنا بها مطالب.

**هوراشيو:** إني مُكَلَّف إعطاءَكَ صوتاً ستتابعه الأصوات إلَّا ما قلَّ منها، ومتى علوت المنبر ذكرت ذلك فيما سأذكُر، وليكن القرار عاجلاً قبل أن تتكون الأحزاب، وتتعدَّدَ بواعثُ الاختلاط والاضطراب.

**فورتنبراس:** ليتولَّ أربعةٌ من ملازميَّ حملَ جثة هامْلِتِإلى المدرجة، فهو خليق بهذا الإكرام، وكان به من الصفات ما يَدُلُّ على أنه لو تقلَّدَ التاجَ لكانَ مليكاً عظيماً. ثم لتعزف الموسيقى في طريقه، ولِيُشَرَّف التشريف العسكري بكل رُسُومه... احملوه، هذا منظرٌ أليقُ بميادين القتال منه بمثل هذا المكان. ولِيُؤمَر الجنود بِإطْلَاقِ النار.

(سلام حدادي. يخرجون حاملين الجثة، ويُسمع طلق المدافع)